50岁之后的力量训练

(第3版修订版)

[英] 韦恩·L. 韦斯科特 (Wayne L.Westcott)
托马斯·R. 贝希勒 (Thomas R. Baechle)　　著

孙飞 译　王雄 审校

人民邮电出版社
北　京

图书在版编目（CIP）数据

50岁之后的力量训练：第3版：修订版 /（英）韦恩·L.韦斯科特（Wayne L. Westcott），（英）托马斯·R.贝希勒（Thomas R. Baechle）著；孙飞译. -- 2版 . -- 北京：人民邮电出版社，2020.4
ISBN 978-7-115-52990-9

Ⅰ. ①5… Ⅱ. ①韦… ②托… ③孙… Ⅲ. ①健身运动—基本知识 Ⅳ. ①G883

中国版本图书馆CIP数据核字(2019)第296605号

版权声明

免责声明

作者和出版商都已尽可能确保本书技术上的准确性以及合理性，并特别声明，不会承担由于使用本出版物中的材料而遭受的任何损伤所直接或间接产生的与个人或团体相关的一切责任、损失或风险。

内 容 提 要

　　本书是针对 50 岁以上人士的力量训练指南。书中首先介绍了力量训练的诸多益处，并提供了实用、易操作的身体评估测试，帮助读者了解自己的身体状态，从而选择出适合自己的力量训练计划。在正式的力量训练开始前，本书还详细讲解了力量训练的原则、常见器械的使用及力量训练的练习技巧。

　　书中以图解的方式详细解析了固定器械、自由重量及替代器械的力量练习动作，包括颈部、背部、手臂、肩部、胸部、腿部等人体各个部位。此外，书中还提供了基本训练计划、高级训练计划，以及针对跑步、自行车、游泳、滑雪、网球、高尔夫爱好者的力量训练计划。最后，本书给出了针对 50 岁以上人士的营养方案，帮助读者合理搭配饮食，改善身体健康状况。

　◆ 著　　　　　[英] 韦恩·L.韦斯科特（Wayne L. Westcott）
　　　　　　　　托马斯·R.贝希勒（Thomas R. Baechle）
　　译　　　　孙　飞
　　审　　校　王　雄
　　责任编辑　裴　倩
　　责任印制　周昇亮

　◆ 人民邮电出版社出版发行　　北京市丰台区成寿寺路 11 号
　　邮编　100164　　电子邮件　315@ptpress.com.cn
　　网址　http://www.ptpress.com.cn
　　北京天宇星印刷厂印刷

　◆ 开本：700×1000　1/16
　　印张：15.5　　　　　　　　　　2020 年 4 月第 2 版
　　字数：310 千字　　　　　　　　2025 年 10 月北京第 15 次印刷
　　著作权合同登记号　图字：01-2016-4054 号

定价：88.00 元
读者服务热线：**(010)81055296**　印装质量热线：**(010)81055316**
反盗版热线：**(010)81055315**

目　录

训练项目查询表

固定器械练习				
训练项目	主要锻炼的肌肉	次要锻炼的肌肉	单关节或多关节	页码
腿部练习				
坐姿腿屈伸	股四头肌		单关节	54
卧式腿弯举	腘绳肌		单关节	55
坐姿蹬腿	股四头肌、腘绳肌、臀肌	髋内收肌、腓肠肌、比目鱼肌	多关节	56
坐姿髋内收	髋内收肌		单关节	58
坐姿髋外展	髋外展肌		单关节	59
提踵	腓肠肌、比目鱼肌		单关节	60
核心肌群练习				
下背伸展	竖脊肌		单关节	61
腹部屈曲	腹直肌		单关节	62
躯干旋转	腹直肌、腹外斜肌、腹内斜肌		单关节	63
胸部练习				
坐姿夹胸	胸大肌、三角肌前束		单关节	64
坐姿推胸	胸大肌、三角肌前束、肱三头肌	前锯肌	多关节	65
上斜卧推	胸大肌、三角肌前束、肱三头肌	前锯肌、上斜方肌	多关节	66
肩部练习				
侧平举	三角肌	上斜方肌	单关节	67
肩上推举	三角肌、肱三头肌、上斜方肌		多关节	68
上背部练习				
屈臂下拉	背阔肌	肱三头肌、三角肌后束、大圆肌	单关节	70
拉力器下拉	背阔肌、肱二头肌	三角肌后束、菱形肌、中斜方肌、大圆肌	多关节	72
坐姿划船	背阔肌、肱二头肌	三角肌后束、菱形肌、中斜方肌、大圆肌	多关节	73
助力引体向上	背阔肌、肱二头肌	三角肌后束、菱形肌、中斜方肌、大圆肌	多关节	74
划船	背阔肌、肱二头肌、三角肌后束、菱形肌、中斜方肌	大圆肌	多关节	75
胸部和手臂后部练习				
助力臂屈伸	胸大肌、肱三头肌	三角肌前束、背阔肌、大圆肌、胸小肌	多关节	76

固定器械练习（续）				
训练项目	主要锻炼的肌肉	次要锻炼的肌肉	单关节或多关节	页码
手臂练习				
双臂弯举	肱二头肌	腕屈肌	单关节	77
头后臂屈伸	肱三头肌		单关节	78
屈臂下压	肱三头肌、胸大肌、三角肌前束	胸小肌	多关节	79
拉力器屈臂下拉	肱三头肌	胸大肌、背阔肌、腹直肌	单关节	80
颈部练习				
颈部伸展	颈伸肌群		单关节	81
颈部前屈	颈屈肌群		单关节	82

自由重量练习（壶铃、哑铃、杠铃）				
训练项目	主要锻炼的肌肉	次要锻炼的肌肉	单关节或多关节	页码
腿部练习				
深蹲：壶铃或哑铃	股四头肌、腘绳肌、臀肌	竖脊肌	多关节	84
深蹲：杠铃	股四头肌、腘绳肌、臀肌	竖脊肌	多关节	86
蹬台阶：壶铃或哑铃	股四头肌、腘绳肌、臀肌	竖脊肌	多关节	88
箭步蹲：壶铃或哑铃	股四头肌、腘绳肌、臀肌	竖脊肌	多关节	89
提踵：壶铃或哑铃	腓肠肌、比目鱼肌		单关节	90
提踵：杠铃	腓肠肌、比目鱼肌		单关节	92
前蹲：哑铃	臀大肌、腘绳肌、股四头肌		多关节	94
挥摆：壶铃	臀大肌、腘绳肌、股四头肌、三角肌		多关节	96
核心肌群练习				
体侧屈：壶铃或哑铃	腹直肌、腹外斜肌、腹内斜肌		单关节	98
硬拉：壶铃或哑铃	竖脊肌、股四头肌、腘绳肌、臀肌		多关节	99
硬拉：杠铃	竖脊肌、股四头肌、腘绳肌、臀肌		多关节	100
胸部练习				
胸部飞鸟：哑铃	胸大肌、三角肌前束	前锯肌	单关节	101
卧推：哑铃	胸大肌、三角肌前束、肱三头肌	前锯肌	多关节	102
卧推：杠铃	胸大肌、三角肌前束、肱三头肌	前锯肌	多关节	104

自由重量练习（壶铃、哑铃、杠铃）（续）				
训练项目	主要锻炼的肌肉	次要锻炼的肌肉	单关节或多关节	页码
胸部与肩部练习				
上斜卧推：杠铃	胸大肌、三角肌前束、肱三头肌	前锯肌	多关节	106
上斜卧推：哑铃	胸大肌、三角肌前束、肱三头肌	前锯肌	多关节	108
肩部练习				
侧平举：哑铃	三角肌		单关节	110
坐姿推举：哑铃	三角肌、肱三头肌、上斜方肌		多关节	111
站姿交替肩推举：哑铃	三角肌、肱三头肌、上斜方肌		多关节	112
站姿推举：杠铃	三角肌、肱三头肌、上斜方肌		多关节	114
上背部练习				
仰卧屈臂上拉：哑铃	背阔肌	肱三头肌	单关节	116
单臂划船：壶铃或哑铃	背阔肌、肱二头肌	三角肌后束、菱形肌、中斜方肌、大圆肌	多关节	118
俯身划船：壶铃或哑铃	背阔肌、菱形肌	三角肌后束、肱二头肌、中斜方肌、小圆肌	多关节	120
俯身飞鸟：哑铃	背阔肌、斜方肌、菱形肌、上斜方肌	肱三头肌	单关节	121
手臂前部练习				
站姿双臂弯举：杠铃	肱二头肌	腕屈肌、背阔肌、胸大肌	单关节	122
站姿双臂弯举：哑铃	肱二头肌	腕屈肌、背阔肌、胸大肌	单关节	123
斜卧推举：哑铃	肱二头肌	腕屈肌、背阔肌、胸大肌	单关节	124
斜托弯举：哑铃	肱二头肌		单关节	125
单臂弯举：哑铃	肱二头肌		单关节	126
手臂后部练习				
头后臂屈伸：哑铃	肱三头肌	三角肌	单关节	127
仰卧臂屈伸：哑铃	肱三头肌	三角肌	单关节	128
俯立臂屈伸：哑铃	肱三头肌	三角肌	单关节	130
颈部练习				
耸肩：杠铃	上斜方肌		单关节	132
耸肩：哑铃或壶铃	上斜方肌		单关节	133

自重、阻力带和健身球练习				
训练项目	主要锻炼的肌肉	次要锻炼的肌肉	单关节或多关节	页码
腿部练习				
靠墙深蹲：健身球与哑铃	股四头肌、腘绳肌、臀肌	竖脊肌	多关节	135
足跟后拉：健身球	腘绳肌、髋屈肌	腹直肌、股直肌	多关节	136
抬腿：健身球	股四头肌、髋屈肌、腹直肌	髋关节内收肌	单关节	137
深蹲：阻力带	臀大肌、腘绳肌、股四头肌	竖脊肌	多关节	138
核心肌群练习				
躯干挺身：自重	竖脊肌		单关节	140
躯干挺身：健身球	竖脊肌		单关节	141
转体仰卧起坐：自重	腹直肌、股直肌、髋屈肌、腹外斜肌、腹内斜肌		多关节	142
卷腹：健身球	腹直肌		单关节	144
侧向平板支撑：自重	腹直肌	腹外斜肌、腹内斜肌、竖脊肌、胸大肌、三角肌前束、肱三头肌	单关节	146
仰卧起坐：自重	腹直肌	股直肌、髋屈肌	多关节	147
胸部练习				
站姿推胸：阻力带	胸大肌、肱三头肌、三角肌前束	前锯肌	多关节	148
俯卧撑：健身球	胸大肌、三角肌前束、肱三头肌、腹直肌	前锯肌	多关节	149
臂屈伸：自重	胸大肌、三角肌前束、肱三头肌	背阔肌、大圆肌、胸小肌	多关节	150
肩部练习				
侧平举：阻力带	三角肌	上斜方肌	单关节	151
坐姿推举：阻力带	三角肌、肱三头肌	上斜方肌	多关节	152
上背部练习				
引体向上：自重	背阔肌、肱二头肌	三角肌后束、菱形肌、中斜方肌、大圆肌	多关节	154
垂直划船：阻力带	三角肌、上斜方肌	肱二头肌	多关节	155
坐姿划船：阻力带	背阔肌、肱二头肌	三角肌后束、菱形肌、中斜方肌、大圆肌	多关节	156
手臂练习				
双臂弯举：阻力带	肱二头肌	腕屈肌、胸大肌、背阔肌	单关节	158
训练凳屈臂支撑：健身球	肱三头肌、胸大肌、三角肌前束	背阔肌、大圆肌、胸小肌	多关节	159
单臂肱三头肌伸展：阻力带	肱三头肌	三角肌、上斜方肌	单关节	160
手臂走步：健身球	肱三头肌、胸大肌、三角肌前束	腹直肌	多关节	162
颈部练习				
耸肩：阻力带	上斜方肌	腕屈肌	单关节	163

致 谢

　　我们诚挚地感谢人体运动出版社（Human Kinetics）出版本书，并向编辑团队致以诚挚的谢意，其中包括艾米·斯塔尔、贾斯廷·克鲁格、简·菲尼和罗杰·厄尔。此外，感谢我们杰出的摄影师尼尔·伯恩斯坦和模特基思·布隆贝格、提姆·埃利斯、格雷戈·爱德华兹、达尔·鲍克、乔伊·埃文斯和迪克·雷蒙德。我们非常感谢他们支持我们的研究项目和本书的出版。还要感谢我们的同事丽塔·拉罗萨·劳德，她对本书各章内容的编写提供了专业协助，并担任了本书的模特。感谢克劳蒂亚·韦斯科特和苏珊·贝希勒，感谢她们对于我们的爱、耐心和祝福。

前　言

　　欢迎选择最令人兴奋、对身体最有益的训练之一——力量训练。这种训练适合所有年龄段的人群，尤其是年过50岁的练习者。对所有年龄段的人来说，力量训练都可以有效地提升肌肉力量、肌肉大小和肌肉功能，但定期的抗阻训练对于中老年人来说尤其重要。因为无论男女，除非进行抗阻训练，否则年过50岁后每10年就会流失5~10磅（1磅≈0.45千克）肌肉。肌肉流失是健康的一大隐患，因为它与骨质流失、躯体功能障碍、新陈代谢变慢和脂肪增加等息息相关。幸运的是，合理的力量训练可以扭转这些退化过程，减少患上相关疾病的风险，例如骨质疏松、肥胖、糖尿病、心脏病、腰痛、关节炎、纤维肌痛和心理疾病。

　　第1章在大量研究的基础上，展现了规律的抗阻训练对于身体健康的极大益处。你会惊讶地发现很多生理改变都与力量训练有关，尤其对于年过50岁的人来说更是如此。假设你想增加肌肉，强化功能性能力，想让身体更加健康和有更高质量的生活，那么你一定很想读第2章，因为这一章主要介绍如何开始力量训练。

　　第2章为成功且可持续的力量训练奠定了基础。第3章讲述了根据研究得出的一些安全进行抗阻训练的建议，主要关于训练项目、训练频率、训练负荷、动作重复次数、组数、训练进阶和其他相关的训练因素。

　　第4章主要介绍力量训练器械的选择和使用，包括固定器械、自由重量器械、阻力带、壶铃和健身球等。本章的主要内容是帮助你选择第6章~第8章中最适合的器械。

　　第5章介绍有效进行力量训练的基础训练技巧。本章的主要内容包括正确的抓握、标准的站姿、运动路径、练习速度、呼吸节奏和其他训练相关因素。

　　安全、成功、持续地进行力量训练的关键是以正确的姿势完成抗阻训练。第6章提供固定器械训练方面的指导和相关图片。第7章介绍关于杠铃、哑铃和壶铃训练的相关细节，并附有使用这些器械进行自由重量练习的起始和结束姿势图片。第8章提供自重练习、阻力带练习和健身球练习的相关指导。

　　知道如何安全有效地进行抗阻训练后，就需要根据自身的当前体能水平选择最合适的力量训练计划，从而达到健康与健身的目标。第9章提供了一些关于不同训练器械的基本力量训练计划。对于每种器械我们都提供了两种训练计划：基础训练计划和标准训练计划，这二者都能在你可利用的时间内实现很好的训练效果。第10章提供了一些高级力量训练计划。对于每种训练计划，我们都提供了高负荷训练模式和高强度训练模式。这些高级抗阻训练计划能以合理、系统的方式让你的肌肉力量达到较高水平。

如果你是一名体育爱好者，可能想进行更专业的力量训练。第11章介绍了一些大众喜爱的竞技运动的抗阻训练和训练模式，包括跑步、自行车、游泳、滑雪、网球和高尔夫。每项运动我们都提供了训练计划。

研究表明，合理的膳食营养对于增强抗阻训练效果有着非常重要的作用，尤其是在肌肉发展和骨密度方面。除了健康饮食方面的建议，第12章还讲述了最新研究中针对年过50岁的练习者想要获得健康的肌肉骨骼以及体质应如何摄入蛋白质的最优策略。

祝贺你最终做出了改变生活方式的重要决定——定期进行抗阻训练。相较而言，这些训练时间较短，但对健康极有益处。毫无疑问，本书在安全高效地进行抗阻训练方面提供了你所需要的信息，这会帮助你在一生中欣赏更多的风景、感觉更佳、身体功能更强。确定得到医生的许可后，就可以按照本书中基于实证研究的各种建议进行训练了。

本书使用的单位与法定计量单位间的换算关系如下：

1. 1磅约为0.5千克；

2. 1卡路里约为4.2焦耳；

3. 1英尺约为0.3米；

4. 1英寸约为2.5厘米；

5. 1盎司约为30毫升或30克。

人体重要肌肉

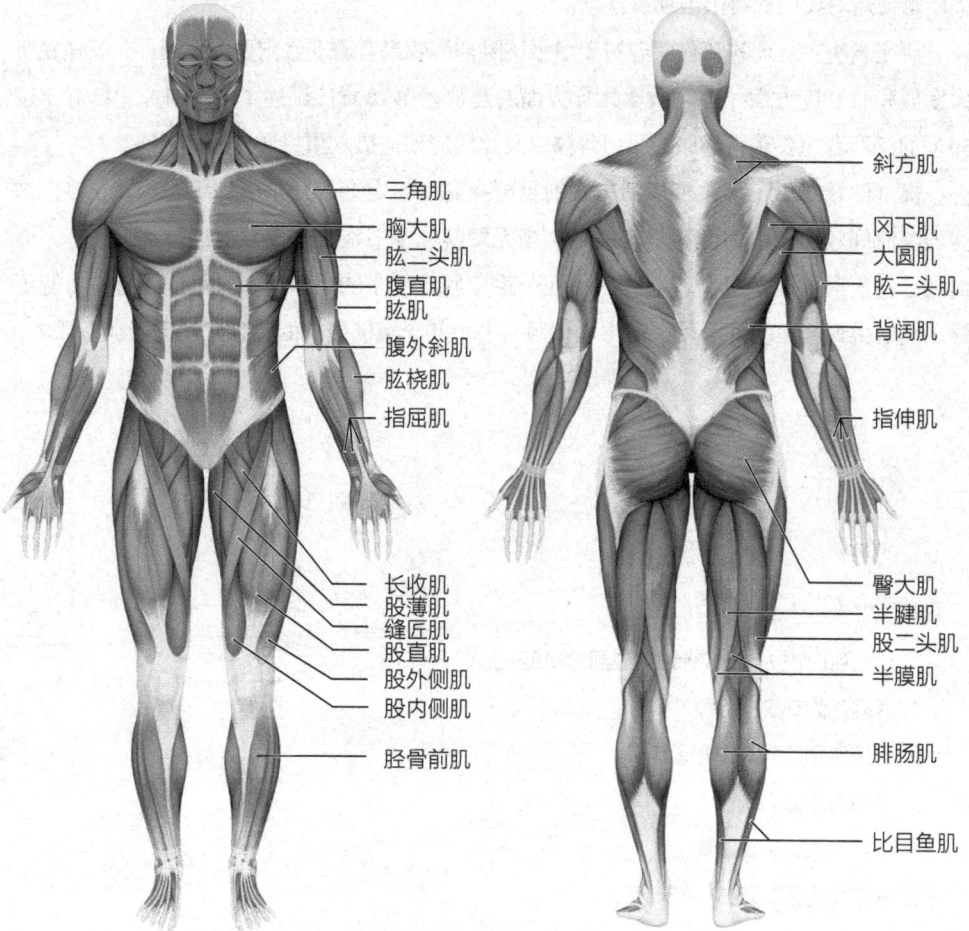

三角肌
胸大肌
肱二头肌
腹直肌
肱肌
腹外斜肌
肱桡肌
指屈肌

长收肌
股薄肌
缝匠肌
股直肌
股外侧肌
股内侧肌

胫骨前肌

斜方肌
冈下肌
大圆肌
肱三头肌
背阔肌

指伸肌

臀大肌
半腱肌
股二头肌
半膜肌

腓肠肌

比目鱼肌

第1章

力量训练的益处

当今社会，人们主动进行身体锻炼的时间越来越少了，而且大都是被动进行的。可以预见的是，这种缺乏锻炼的生活方式肯定会造成体重的增加。事实上，按照身体质量指数（BMI）的设定标准，超过65%的美国人属于超重或肥胖。但是，因为BMI无法说明瘦（肌肉）体重和体脂两者的比例，所以仅从这些数据很难看出美国成人中体脂超标者所占的比例。不可否认，大概80%的人（包括男性和女性）在50岁以后，肌肉都会逐渐减少，而脂肪则会越来越多。

研究表明，肌肉流失与脂肪堆积之间有着重要的因果关系。如果不做一些增加肌肉的运动，一个成年人每10年大概会流失5磅肌肉。肌群组织一天24小时都处于代谢活跃状态，因此每10年减少5磅肌肉，同时会导致静息代谢率降低3%。静息代谢率的降低意味着日常热量消耗量开始减少，从而导致更多的热量聚积在体内并形成脂肪。由于静息代谢大概会消耗每日燃烧热量的70%，因此随着年龄的增长，静息代谢率的降低就成为脂肪增加的主要原因。

由于静息代谢率降低，因此每10年减少5磅肌肉，就会伴随着增加15磅的脂肪。单从数值上来看，这表示每10年人的体重会增加10磅。然而，减少5磅肌肉和增加15磅脂肪对于身体所产生的影响是，身体组织已经发生了20磅的不良变化。如果把人们的年龄从20岁快进到50岁，那么他们的体重大概会增加30磅。但是在现实中，一个年过50岁的普通人从其20岁到50岁的30年中大概会丢掉15磅的肌肉和增加大约45磅的脂肪，因此身体组织所发生的不良变化会达到60磅。

糟糕的是，这种身体组织上的重大变化不仅会对个人健康产生不良影响，同时还会影响人的体质。肌肉流失和脂肪增加会带来一系列的问题，包括肥胖、骨质疏松、糖尿病、高血压、高血脂、心脏病、中风、关节炎、腰痛以及多种癌症和较高的死亡率。

幸运的是，肌肉流失这种现象是可以逆转的。研究表明抗阻训练是各年龄阶段增加肌肉量的高效方法。保持健康的肌肉系统非常重要，一本在医学研究方面颇负盛名的期刊

《美国运动医学会当代运动医学报告》（*American College of Sports Medicine's Current Sports Medicine Reports*）倡导公众健康需要合理的力量训练。这的确是有必要的，因为50岁后肌肉流失的速度会加倍，所以对年过50岁的人们来说，不论男女，定期进行抗阻训练是很有必要的。

肌肉重建

很多研究表明，相对基础的抗阻训练（每组20~40分钟，每周2~3次）就可以帮助50~90岁这个年龄阶段的人重建他们的肌群组织。很多训练研究项目表明，3~4个月的力量训练就可以帮助训练者增加3~4磅肌肉。一项大型研究表明，人们可以确定抗阻训练对于改善人体构成和血压的效用，以及在重组肌肉过程中起到的关键作用。1600多名研究对象（平均年龄54岁）在认真指导下进行了为期10周的抗阻训练。他们这一套力量训练计划需要做12个标准固定器械练习，每组重复8~12次，一周2~3次。以正确的方法每完成12次动作后，负重就再增加大概5%。坚持这种基础、简单并有效的定期练习，10周以后就会发现所有的研究对象平均增加了3磅的肌肉。同时，我们还发现这两种训练频率（一周2次或一周3次）所增加的肌肉质量相同；另外，老中青三代的肌肉增长率无明显差异。

加快代谢

抗阻训练对改变新陈代谢率有双重作用，因为无论是在锻炼期间还是肌肉恢复重组期间，都会增加能量的消耗（这包括每次练习后的3天）。抗阻训练属于激烈运动，所以做这些练习会消耗很多能量。例如，做循环力量练习，每分钟可能消耗8~10卡路里能量，20分钟就会消耗160~200卡路里能量。由于抗阻训练的高强度特性，在做完循环力量练习后的1小时，还会持续消耗能量。因此，20分钟的循环力量练习加上练习后的60分钟，在这80分钟实际会消耗200~250卡路里能量。除此之外，还有更大的惊喜。研究还指出，在抗阻练习后的72小时内，练习者会增加5%的静息能量消耗。有一例经典研究，15分钟的力量练习（10个练习，每次1组）和35分钟的力量练习（10个练习，每次3组）会帮助练习者在练习后的3天时间里，再增加5%的静息能量消耗。具体来说，人进行抗阻训练后，会引起一定的肌肉微创，从而导致肌肉重组。在肌肉重组过程中，需要消耗大量的能量进行蛋白质合成和组织修复，静息代谢率正是由此得到大幅提升的。

另有多项研究表明，经过大概3个月的标准力量训练后，静息代谢率会有进一步的提升（7%~8%）。每日能量消耗日益增多，这都是源于新肌群组织的产生。每天每增加1磅肌肉就会消耗9卡路里能量，如果增加3磅以上，则会进一步提高静息代谢率，每日的能量消耗会再增加30卡路里能量。通过定期抗阻训练所形成的肌肉越多，用于组织修复、肌肉重组和重建的能量消耗就越多，因此静息代谢率也会有十分显著的提高。静息代谢能量消耗占到人体能量消耗的70%，因此静息代谢率越高就越有利于人们减脂。

减 脂

即使饮食习惯保持不变，大部分人的身体仍然会随着年龄的增长逐渐堆积脂肪。现在人们意识到，脂肪的堆积源于肌肉的减少，以及随之而来的静息代谢率的降低。多余的脂肪会影响我们的外形。正如前文所提到的，高体脂率还会增加引发许多健康问题的风险，包括高血压、高血脂、高血糖、肥胖、心脏病、中风、关节炎、腰痛和多种癌症。

幸运的是，力量训练研究还表明，肌肉每增加3~4磅，静息代谢率就会增加7%~8%，脂肪就会相应减少3~4磅。同样重要的是，研究揭示了抗阻训练是减少腹部脂肪和腹内脂肪的有效方法（尤其是老年人），除此之外，它还可以降低患Ⅱ型糖尿病的风险。如果同时再适度减少每日的食物摄入量，10周的基本抗阻训练可以减少6~9磅脂肪。举个例子，韦斯科特和他的同事们（平均年龄59岁）于2013年实施了一个标准力量训练计划，期间一直遵循适度摄取能量的营养计划（女性每天摄入1,200~1,500千卡能量，男性每天摄入1,500~1,800千卡能量）。10周以后，这些年纪较大的参与者平均减掉9磅脂肪，增加3磅肌肉，相当于其身体成分发生了12磅的变化。此外，他们还降低了约6毫米汞柱的静息血压和约4毫米汞柱的舒张压，这有力地说明了应该将合理的力量训练计划与正确的营养计划结合起来。

降低静息血压

静息血压关乎心血管健康。一般来说，心肌收缩时，静息血压应该是大约120毫米汞柱，这就是大家所熟知的心脏收缩压。糟糕的是，大约1/3的美国成年人血压都过高（高血压），而高血压是导致心血管疾病的主要原因。因此，要鼓励人们多去了解相关信息。大量研究表明，经过两个月或两个月以上的标准力量训练或者循环力量训练后，静息血压会明显降低。大部分相关研究的结果表明，无论是收缩压还是舒张压都会有所降低，其中收缩压大概平均降低6毫米汞柱，舒张压平均降低5毫米汞柱。通过对1,600多名平均年龄54岁的对象进行研究发现，这种相对基础的力量训练计划（12个固定器械练习，一周3次）如果能坚持10周，那么收缩压可以降低至少4毫米汞柱，而舒张压至少可以降低2毫米汞柱。尽管在力量训练过程中收缩压有所升高，但是研究表明，合理的力量训练与我们做有氧运动（如跑步和骑行）所引起的收缩压升高的程度是差不多的。因此，除非身体条件不允许，否则适当的抗阻训练可以有效降低静息血压，而且这种体育活动相对比较安全。

改善血脂

血脂是心血管系统运输脂肪的医学衡量标准。其中包括高密度脂蛋白（HDL）胆固醇、低密度脂蛋白（LDL）胆固醇和甘油三酯。几乎一半的美国成人血脂水平都呈不良状态，同时也增加了人们患心脏病的风险。让人欣慰的是，大量研究表明抗阻训练对于调节血脂有很好的效果。美国运动医学会有篇文章指出，定期的力量训练会帮助练习者提高8%~21%的HDL，降低13%~23%的LDL，并可以降低11%~18%的甘油三酯。虽然基因因素会在抗阻训练改善血脂水平方面产生一定的影响，但是针对老年人的研究表明，抗阻训练在这一方面确实会有很好的效果。因此，可以确信，对于成年人来说，无论处于什么样的年龄阶段，力量训练在改善他们身体健康方面的最大优势就是可以调节人们的血脂水平。

加快心脏病术后恢复

很多老年人罹患心血管疾病，其中包括冠心病、心脏病，甚至需要做心脏手术。研究显示，这些患有心血管疾病的老人也可以适当地进行抗阻训练，这些训练对他们来说绝对是安全的，并且可以有效帮助他们治疗自身的疾病。这是心脏病术后病人的福音，因为力量训练对他们的健康十分有益。除了能够降低静息血压、改善血脂水平，抗阻训练还可以有效地帮助人们达到并维持理想的体重，同时还可以增加肌肉与力量，提升体能，加快患心血管疾病后的恢复，以及增强心脏病术后病人的自我概念和自我效能。

抑制糖尿病

现在，超重甚至肥胖的成年人越来越多，这个现象也使Ⅱ型糖尿病变得日益普遍。除非这种与人们身体健康息息相关的不良趋势有所改变，否则到了2050年，将有1/3的美国人罹患Ⅱ型糖尿病。值得庆幸的是，体重正常、肌肉比较健壮和肌肉非常健壮的健康人群罹患Ⅱ型糖尿病的风险非常低。因为肌肉相当于人体的引擎，是人体的糖原仓库。一些研究学者已经证明抗阻训练可以抑制肥胖的具体原因，例如，可以调节胰岛素敏感度、控制血糖等。几乎所有的研究结果都显示经过几周的力量训练，在人体的胰岛素敏感度和血糖控制方面都会有极大的改善。正如之前所提到的，抗阻训练可以减少腹部和腹内脂肪，这对于抑制肥胖是非常重要的。力量训练对抑制肥胖的良好效果使得研究学者们得出结论：对于预防与治疗Ⅱ型糖尿病，力量训练都会起到一定的效果。事实上，美国糖尿病协会制定的训练指南中也有相关要求，要求训练者们要针对所有的主要肌群做相应的抗阻训练，一周3次，每次1~3组，每组包括8~10个高强度的重复动作。

增加骨密度

美国国家骨质疏松症基金会称有大约35,000,000美国人骨量不足（骨质减少），还有10,000,000成年人（其中8,000,000为女性）骨质脆弱（骨质疏松）。根据美国卫生与公共服务部（2004年）调查显示，每3名女性中就会有1名因为骨质疏松而导致骨折，在男性中的比例则为每6名男性就会有1名患有此症。尽管造成骨质变薄的因素有很多，但是很明显，肌肉流失与此紧密相关。研究显示，不进行抗阻训练的成年人，无论男性还是女性，每年骨密度减少1%~3%，也就是说每10年骨质流失达10%~30%。

让人欣慰的是，力量训练既可以增加肌肉量，同时还可以增加骨量。大量研究表明，在经过数月规律的抗阻训练后，训练者的骨矿物质密度会有显著提高。有趣的是，进行力量训练的训练者，骨量会增加1%~3%，但是没有进行力量训练的人则会流失相应的骨量。大量的力量训练与骨量密切相关的研究已在女性身上得到证实，但是在男性身上的相关研究表明，抗阻训练对男性的效果更佳，将会帮助男性提高超过3%的骨矿物质密度。

显然，定期的抗阻训练是帮助人们形成强壮的抗损伤肌肉骨骼系统的最有效方式之一。单从预防骨质疏松方面来看，很多研究表明力量训练可以有效地帮助人们提高骨密度，这一点任何其他训练项目（有氧运动和负重）都无法与之匹敌，因此抗阻训练是老年人生活的重要组成部分。

减少身体不适

研究表明，大部分腰痛的人可以通过加强后腰肌肉来缓解疼痛。尽管不是所有的腰痛都与肌肉松弛有关，但很多研究显示经过8~24周针对腰部肌肉的抗阻训练，训练者们会很明显地感觉到腰部肌肉疼痛有所减轻。腰部肌肉紧实会让身体稳定性更好，可以给脊柱提供更好的支撑，也可以在跑步、跳跃和舞蹈时起到更好的减震缓冲作用。

研究还表明，抗阻训练对于身患关节炎和纤维肌痛的人也很有帮助。虽然人们还没有完全弄清楚治疗这些痼疾的方法，但是有研究明确指出，力量训练可以缓解关节炎和纤维肌痛带来的不适和疼痛。

提高心理健康水平

心理健康包括心理因素和认知能力。有关研究表明，我们在一些针对成年人和老年人心理问题的治疗上有了很大的突破，例如抑郁症、自我概念紊乱、疲劳、平静心态、焦虑、积极融合以及所有的情绪障碍。对于年过50岁的人来说，抑郁可能是他们面临的最大问题，因为它会严重影响我们的人体机能。因此，应该让大家了解一下哈佛大学的相关研究成果：只需要经过10周的抗阻训练，有80%的参与者都不再有任何临床抑郁症的表现。

大量研究表明，力量训练对人们心理治疗有巨大好处，除此之外，研究还显示抗阻训练可以在很大程度上提高我们的认知能力。在这些宝贵的成果中，或许最重要的发现就是力量训练可以改善老年人的记忆力。

激活肌肉细胞

如果肌肉是人体的引擎，那么线粒体就是肌肉细胞的源泉。人类在衰老过程中面临的问题之一就是线粒体及其功能的退化。让人欣慰的是，有研究表明，这种以连续训练且训练间隙休息时间短为特点的循环式训练，可以帮助练习者增加线粒体和加强其功能。以标准力量训练方案为对象的研究表明，该训练可以促使肌肉线粒体的再生。平均年龄68岁的老年人个体在进行基本抗阻训练24周后，会有175组与年龄和训练有关的基因发生良性改变。实际上，经过6个月的力量训练，这些老年人的线粒体特性将会发生巨大变化，甚至与年轻人（平均年龄24岁）无异。这些正面的研究结果让研究者们得出以下结论：抗阻训练可以帮助人们逆转衰老的肌群组织。

改变体质虚弱

即便是年过50岁的人也可以从合理的力量训练中受益。多个研究表明，合理的抗阻训练可以让老年人重获力量、健康和体能。在一项针对疗养院老人（平均年龄88岁）的研究中，人们发现这些研究对象的身体机能和日常活动的能量都有了非常明显的改善。研究中的老人会进行每周2天（周一和周五）、为期14周的负重训练，每组训练包含6个动作，每个动作重复8~12次。这些基础而简短的训练计划会产生显著的效果。之前提到的这些体质虚弱的研究对象平均会增加4磅肌肉，减掉3磅脂肪，整个身体组织会有高达7磅的改善。这些训练帮助这些老人腿部力量增加了80%，上肢力量增加了40%，让他们不再那么依赖轮椅，从而可以多行走，甚至可以进行一些其他体育运动，例如自行车。还有一些关于虚弱老人的类似研究向我们展示了抗阻训练其他的好处，例如运动控制能力提高、行走速度加快等。

对抗癌症

马里兰大学的相关研究表明，抗阻训练可以通过加快食物在肠胃系统的运行速度来降低人们患结肠癌的风险，而结肠癌现在已经成为第二大致人死亡的癌症。大量关于力量训练和癌症的研究已经表明，抗阻训练在癌症幸存者抗癌过程中发挥了重要作用。全面回顾这项研究，结果表明成年患癌病人完全可以进行力量训练，而且无论是在治疗期间还是在治疗后，力量训练都可以让他们体会到健身的益处，帮助他们恢复健康。在所有的好处之中，最重要的是帮助练习者减少疲劳，增加肌肉力量，改善身体组织，加强身体机能（尤其是可以帮助患乳腺癌的病人在恢复过程中锻炼他们的手臂移动能力）。尽管仍然需要对相关方面进行更多的研究，但是现在我们已经可以看出，抗阻训练不仅可以帮助人们预防某些种类的癌症，而且在某些癌症的治疗与恢复期间也会产生积极的机体反应。

实际应用

如果我们把人体肌肉与汽车进行比较，那么肌肉就相当于人体的引擎，强壮的肌肉会让人们在所有的体育运动中有更好的表现。人体肌肉也可以比作汽车的减震器和弹簧，强壮的肌肉可以在面对潜在的有害外力侵袭时，帮助人们保护关节。除此之外，肌肉也相当于汽车的外壳，因为它可以在很大程度上影响人们的外表。虽然多余的脂肪会影响人们的外形，但实际上，肌肉才是决定人们最基本的体形与身材的关键。综上所述，强壮的肌肉会让人看起来更有型。

如果想让身体机能更强，自我感觉更好，外表看起来更有型，那么人们应该开始定期做一些抗阻训练项目，这样可以使主要肌群变得日益强壮。后面的章节也会介绍到，无论是在健身房通过固定器械进行基础且简短的力量训练，还是在家里做自由重量训练或自重训练，都会收到非常好的效果。本书所呈现的训练计划都是以研究为基础的，相对比较安全、有效且高效，而且这些训练都已经在年过50岁的人身上有所验证，并且收效甚好。

如果无法定期进行抗阻训练，那么肌肉将继续减少，骨质逐渐疏松，随之而来的是身体逐渐虚弱。像散步、跑步、骑行和跳舞这样的有氧运动更适合用来改善心脏健康和心肺适能，但它们无法阻止因衰老带来的肌肉减少和骨质疏松。人们可以继续保持定期的有氧运动，但一定要在进行耐力训练的同时辅以合理的力量训练。

同样，合理的膳食营养对于人们的健康也是十分重要的。节食绝对是减轻体重最有效的方法。但是，仅仅依靠好的饮食习惯也无法阻止肌肉流失和骨质疏松，以及肌肉骨骼系统的逐渐衰弱。而且节食绝对会引发问题，因为低热量饮食不仅会减少体脂，还会减少肌肉。由此引起的肌肉流失会导致新陈代谢率变慢，从而维持较低体重变得越发困难。事实上，研究表明95%的节食者在节食一年以后体重会有所反弹，又变回原来的样子。

然而，前面提到了，在我们进行的营养与力量训练研究中，年纪较大的老年人经过10周的训练会减掉9磅脂肪，增加3磅肌肉，得以改善的身体组织达12磅。但是一定要确保饮食健康营养，如果有必要，可以适当降低能量的摄入，一定要在进行合理抗阻训练的情况下适当节食。一定要记住，肌肉的增加与新陈代谢的增加成正比，与脂肪成反比。

理想的生活方式应该是这样的：合理饮食（参见第12章）、定期有氧运动、合理的力量训练。所有这些辅助活动对于人们达到理想的健康状态是非常必要的，尤其是对于那些享受幸福晚年的老人们。

小　　结

大多数运动员通过抗阻训练来提高自己的运动成绩，包括年纪较大的各种体育运动的运动员，例如跑步、骑行、划船、游泳、滑冰、高尔夫和网球等。另外，他们也会参加一些其他富有挑战性的体能运动。然而，大部分年过50岁的运动员在关心自己的运动能力的同时，也会关注自身的整体健康状态。本章从医学角度出发，在一定的研究基础上提出了应当定期参加抗阻训练的13个原因：

1. 肌肉重建；
2. 加快代谢；
3. 减脂；
4. 降低静息血压；
5. 改善血脂；

6. 加快心脏病术后恢复；

7. 抵制糖尿病；

8. 增加骨密度；

9. 减少身体不适；

10. 提高心理健康水平；

11. 激活肌肉细胞；

12. 改变体质虚弱；

13. 对抗癌症。

不论男女、不分年龄，合理的力量训练对所有人都有一定的益处，可以改善人们的健康状况，与人们的生活质量和寿命长短息息相关。如果你准备开始进行本书所提到的力量训练项目，说明你在主动积极地维护自身健康。在对身体和精神有双重益处方面，没有任何一种药能与定期的抗阻训练相媲美。

摘自 Westcott WL. Resistance training is medicine: effects of strength training on health. *Current Sports Medicine Reports* 11(4): 209–216, 2012, courtesy of the American College of Sports Medicine.

第**2**章

训练前的身体评估

开始通过力量训练提升肌肉力量和体能前，首先要做好充分的准备。准备充分与否决定了日后的肌肉力量水平。然而在开始训练前，人们应该先了解一些会影响肌肉强健水平的因素。此外，本章还会阐述人体自身力量水平的形成过程，帮助人们选择合适的训练项目，最后我们会介绍成功训练的诀窍。注意，进行本章中的力量评估前，我们建议你先征求医生的意见，让他确认你可以参加抗阻训练。某些身体状态可能不适合参加力量训练项目。另外，人们也可以通过"身体状态评估问卷"来确定自己的身体状况是否适合进行力量训练。在开始训练前，所有人都应当先完成这个问卷。

影响力量潜能的因素

影响肌肉健康的三大关键因素是性别、年龄和生活方式。但无论你是什么性别、年龄和哪种生活方式，本书提到的训练计划都能帮助你增强力量和增加肌肉，从而获得更高的肌肉健康和机能水平。接下来，我们将仔细探讨一下与提升人体力量紧密相关的三大因素。

性别

众所周知，男性比女性要强壮很多。例如，我们对900多名中年人进行了调查研究，结果发现在标准腿部力量测试中，男性数值比女性要高50%。这是不是就意味着男性比女性拥有更高质量的肌肉呢？当然不是。这只能说明男性的体型更大，拥有比女性更多的肌肉。如果单从肌肉对比来看，研究结果显示男性和女性的肌肉是一样强壮的。研究结果还表明，尽管女性的训练负荷较之于男性更轻，但是在肌肉力量和耐力的增长速度上几乎是一样的。因此，男性和女性之间力量训练方法唯一的差别就在于所使用的器械的重量不同。

身体状态评估问卷

回答下列问题，如果有任何一题的答案为"是"，那么你应该首先同医生沟通一下，才能开始进行力量训练。

是 否

____ ____ 你是否年龄超过50岁（女性）或40岁（男性），但并没有锻炼身体的习惯？

____ ____ 是否有心脏病史？

____ ____ 是否有医生告诫过你血压过高？

____ ____ 是否服用过处方药，例如针对心脏病或高血压的药物？

____ ____ 是否有过胸部疼痛、严重眩晕或昏厥？

____ ____ 是否有过呼吸系统方面的疾病，例如哮喘？

____ ____ 是否动过手术？或者骨头、肌肉、跟腱和韧带（尤其是后背、肩部或者膝盖）曾经出现过问题？这些问题会因为锻炼而导致进一步恶化。

____ ____ 是否还有其他问卷中没有提及但不允许你进行力量训练的身体或健康问题？

经许可改编自 T.R. Baechle and R.W. Earle, 2014, *Fitness weight training*, 3rd ed. (Champaign, IL: Human Kinetics), 17.

年龄

肌肉力量会随着年龄的增长而逐渐流失，这是一个不争的事实。事实上，平时不做抗阻训练的成年人，其肌肉力量每10年会减少5%~10%。这是肌群组织随着年龄的增长而逐渐减少的结果。如果人们没有定期进行力量训练，那么他们成年以后大概每10年都会流失几磅肌肉——女性一般会流失5磅，男性则会流失7磅，这就导致他们的力量水平逐渐降低，静息代谢率也逐渐下降。

生活方式

让人欣慰的是，定期的抗阻训练可以帮助人们保持并增加肌肉及其力量。通过对各个年龄阶段的男性女性的平均力量水平进行研究，可以证明我们的相关推测是正确的（参见表2.1）。

这份评估不是为了区分生活方式的优劣，例如身体锻炼方式。如果你从事的工作需要一定的体力，例如木匠，你可能就比你的会计邻居强壮许多。同样，如果你的兴趣爱好跟运动有关，例如园艺和徒步，那么就可能比喜欢编织的朋友要更强壮一些。

表2.1 常规器械上的平均训练负荷（n=245）

训练项目		年龄组					
		20~29岁	30~39岁	40~49岁	50~59岁	60~69岁	70~79岁
坐姿腿屈伸							
男性	磅	112.5	105.0	97.5	90.0	82.5	75.0
	千克	51.0	47.6	44.2	40.8	37.4	34.0
女性	磅	67.5	65.0	62.5	60.0	57.5	55.0
	千克	30.6	29.5	28.3	27.2	26.1	24.9
卧式腿弯举							
男性	磅	112.5	105.0	97.5	90.0	82.5	75.0
	千克	51.0	47.6	44.2	40.8	37.4	34.0
女性	磅	67.5	65.0	62.5	60.0	57.5	55.0
	千克	30.6	29.5	28.3	27.2	26.1	24.9
坐姿蹬腿							
男性	磅	240.0	220.0	200.0	180.0	160.0	140.0
	千克	108.9	99.8	90.7	81.6	72.6	63.5
女性	磅	165.0	150.0	135.0	120.0	110.0	100.0
	千克	74.8	68.0	61.2	54.4	49.9	45.4
坐姿夹胸							
男性	磅	100.0	95.0	90.0	85.0	80.0	70.0
	千克	45.4	43.1	40.8	38.6	36.3	31.8
女性	磅	57.5	55.0	52.5	50.0	47.5	45.0
	千克	26.1	24.9	23.8	22.7	21.6	20.4
坐姿推胸							
男性	磅	110.0	102.5	95.0	87.5	80.0	72.5
	千克	49.9	46.5	43.1	39.7	36.3	32.9
女性	磅	57.5	55.0	52.5	50.0	47.5	45.0
	千克	26.1	24.9	23.8	22.7	21.6	20.4
复合式划船							
男性	磅	140.0	132.5	125.0	117.5	110.0	102.5
	千克	63.5	60.1	56.7	53.3	49.9	46.5
女性	磅	85.0	82.5	80.0	77.5	75.0	70.0
	千克	38.6	37.4	36.3	35.2	34.0	31.8
肩上推举							
男性	磅	105.0	97.5	90.0	82.5	72.5	62.5
	千克	47.6	44.2	40.8	37.4	32.9	28.3
女性	磅	50.0	47.5	45.0	42.5	40.0	37.5
	千克	22.7	21.6	20.4	19.3	18.1	17.0
双臂弯举							
男性	磅	90.0	85.0	80.0	75.0	70.0	60.0
	千克	40.8	38.6	36.3	34.0	31.8	27.2
女性	磅	50.0	47.5	45.0	42.5	40.0	37.5
	千克	22.7	21.6	20.4	19.3	18.1	17.0

续表

训练项目		20~29岁	30~39岁	40~49岁	50~59岁	60~69岁	70~79岁
年龄组							
双臂屈伸							
男性	磅	90.0	85.0	80.0	75.0	70.0	60.0
	千克	40.8	38.6	36.3	34.0	31.8	27.2
女性	磅	50.0	47.5	45.0	42.5	40.0	37.5
	千克	22.7	21.6	20.4	19.3	18.1	17.0
下背部练习							
男性	磅	110.0	105.0	100.0	95.0	90.0	85.0
	千克	49.9	47.6	45.4	43.1	40.8	38.6
女性	磅	80.0	77.5	75.0	72.5	67.5	65.0
	千克	36.3	35.2	34.0	32.9	30.6	29.5
卷腹							
男性	磅	110.0	105.0	100.0	95.0	90.0	80.0
	千克	49.9	47.6	45.4	43.1	40.8	36.3
女性	磅	65.0	62.5	60.0	57.5	55.0	52.5
	千克	29.5	28.3	27.2	26.1	24.9	23.8
颈部前屈							
男性	磅	70.0	67.5	65.0	62.5	60.0	55.0
	千克	31.8	30.6	29.5	28.3	27.2	24.9
女性	磅	45.0	42.5	40.0	37.5	35.0	32.5
	千克	20.4	19.3	18.1	17.0	15.9	14.7
颈部伸展							
男性	磅	80.0	77.5	75.0	72.5	70.0	60.0
	千克	36.3	35.2	34.0	32.9	31.8	27.2
女性	磅	52.5	50.0	47.5	45.0	42.5	40.0
	千克	23.8	22.7	21.6	20.4	19.3	18.1

以上表格是在Nautilus品牌阻力器械上得出的数据，可能在其他器械上会有些许误差。

经许可改编自 T.R. Baechle and W.L. Westcott, 2010, *Fitness professional's guide to strength training for older adults*, 2nd ed. (Champaign, IL: Human Kinetics), 216–217. 经 许 可 摘 自 W. Westcott, 1994, "Strength training for life: Loads: Go figure," *Nautilus Magazine* 3(4): 5–7.

尽管生活方式会对你现在的力量水平有所影响，但是如果决定开始力量训练，它丝毫不会影响力量潜力的开发。不管你在进行力量训练前处于什么样的力量水平，训练后都会比现在更强壮。力量训练的真正作用是提升个人体能，从而让你变得更健康，改善你的体形和日常生活功能，提高你的运动和活动表现。

整体肌肉力量评估

本书推荐3种简单的评估方法，可用于评估你目前的肌肉力量水平。根据这3个评估结果，就可以选择最适合自己的力量训练项目，最大程度地提高肌肉锻炼效果，同时尽可能减少做那些没有效果甚至会适得其反的项目。

上肢力量评估

上肢力量评估包括一个传统练习：俯卧撑。如果俯卧撑做得比较标准，那么它可以很好地锻炼胸部肌肉（胸大肌）、手臂后部（肱三头肌）和肩膀（三角肌），它是提升上肢力量相对有效的方法。请按下面的方法进行俯卧撑练习。

俯卧撑的起始姿势

- 男性：做出标准俯卧撑姿势，脚尖着地，膝关节伸直，脚跟到肩膀呈一条直线，抬头，双臂分开至比肩略宽的位置，肘关节微屈（参见图2.1a）。
- 女性：做出为女性设计的俯卧撑姿势，膝盖着地，躯干挺直，抬头，双手分开至比肩略宽的位置，肘关节微屈（参见图2.1b）。

图2.1 俯卧撑起始姿势：（a）男性标准姿势；（b）女性改良姿势

俯卧撑的正确做法

- 慢慢压低身体，直到肘部呈90度直角、上臂与地板平行（参见图2.2a和图2.2b）。保持身体呈一条直线，向下运动时时1秒。
- 缓慢把身体向上推，直到肘部完全伸展。保持身体呈一条直线，向上运动时再用时1秒。
- 向下时吸气，向上时呼气。

图2.2 俯卧撑的运动姿势：（a）男性标准姿势；（b）女性改良姿势

确定上肢力量的3个步骤

1. 在保证不拉伤自己的情况下，完成的俯卧撑次数越多越好。

2. 使用正确的方法做俯卧撑，并将完成的次数记录在表2.2顶部。

3. 确定自己的得分属于左栏中的哪个数字范围，在右栏圈出相应的数字。

表2.2 评估上肢力量的俯卧撑数量分类表

完成的俯卧撑次数_____		上肢力量指数得分
男性	女性	（圈出一个数字）
0~9次	0~9次	5
10~19次	10~19次	6
20次或以上	20次或以上	7

上腹部力量评估

第二种力量评估也会用人们平时经常锻炼的训练项目：仰卧起坐。仰卧起坐是一种简单的练习项目，它可以锻炼腹部肌肉（腹直肌）。如果姿势准确，利用仰卧起坐进行测试就可以让我们准确评估你的上腹部肌肉的力量和忍耐力。按照以下方式进行仰卧起坐测试。

仰卧起坐的起始姿势

- 仰面躺在地板上，头、后背上部、手臂、臀部都着力于地板，双手放于臀部两侧，膝盖弯曲约90度，双脚平放于地板（参见图2.3a）。

仰卧起坐的正确做法

- 收紧腹部肌肉，抬高后背上部，头部尽可能抬高，通常肩部距离地面10~15厘米。双手向前滑动时，后背下部应一直贴着地面（参见图2.3b）。向上运动时要用足1秒的时间。
- 降低后背上部，头部向下回到仰卧起坐的起始姿势。向下运动时要用足1秒的时间。
- 落地时速度不要过快，落地以后不能直接从地面弹起。
- 向上运动时呼气，向下运动时吸气。

图2.3 仰卧起坐:（a）起始姿势;（b）运动姿势

确定上腹部力量的3个步骤

1. 仰卧起坐完成的次数越多越好。

2. 在表2.3的顶部记录按标准动作一次性所做的仰卧起坐次数。

3. 确定自己的得分属于左栏中的哪个数字范围，在右栏圈出相应的数字。

表2.3　评估上腹部力量的仰卧起坐分类表

完成的仰卧起坐次数		上腹部力量指数得分 （圈出一个数字）
男性	女性	
0~24次	0~19次	5
25~49次	20~39次	6
50次或以上	40次或以上	7

腿部力量评估

与帮助人们减轻体重的俯卧撑和仰卧起坐测试不同，腿部力量测试需要借助器械。YMCA坐姿腿屈伸测试主要针对大腿前部的肌肉（股四头肌），评估下肢力量。这个训练项目很好学，而且做起来也比较安全。

如果想完成YMCA坐姿腿屈伸测试，需要借助腿部伸展器械。实际上，所有的健身房都会有这一类器械，它们在家庭健身房中也很常见。

YMCA坐姿腿屈伸测试的独特之处在于它可以评估与人体体重相对应的肌肉力量。人的体重越重，那么他能举起的重量也会越重。因为这个指数不是单单从举起的重量得出的，而是根据体重的百分比，得出一个人可以完成10次举重练习的重量。例如，一个体重100磅的女人，可以举起50磅的重量，并且可以举起10次，同样，一个体重150磅的女人可以举起重达75磅的重量，可以举起10次。这是因为这两位女性都可以完成她们体重50%的举重练习。

这个测试分类表源于对900多名练习者的研究结果。这个测试应该是很好的下肢力量练习指南，并且可以帮助人们在刚开始进行力量训练时就能找到适合自己的练习项目。一定要确保按照YMCA坐姿腿屈伸测试的要求进行测试。

YMCA坐姿腿屈伸测试起始位置

坐在伸展器械上，膝关节与器械旋转轴（转动臂的旋转中心）贴合在一起，后背紧靠器械后背，双手放于手柄处，小腿抵着运动垫（参见图2.4a）。

YMCA坐姿腿屈伸的正确做法

- 抬起运动垫，让膝关节充分得到伸展（参见图2.4b）。向上抬起时一定要用足2秒。
- 垫子抬起，膝关节充分伸展后，稍微停留一下。
- 放下运动垫，在配重片就要碰到但是还没碰到时停下。用4秒时间来完成这个动作。
- 抬起运动垫时呼气，放下时吸气。

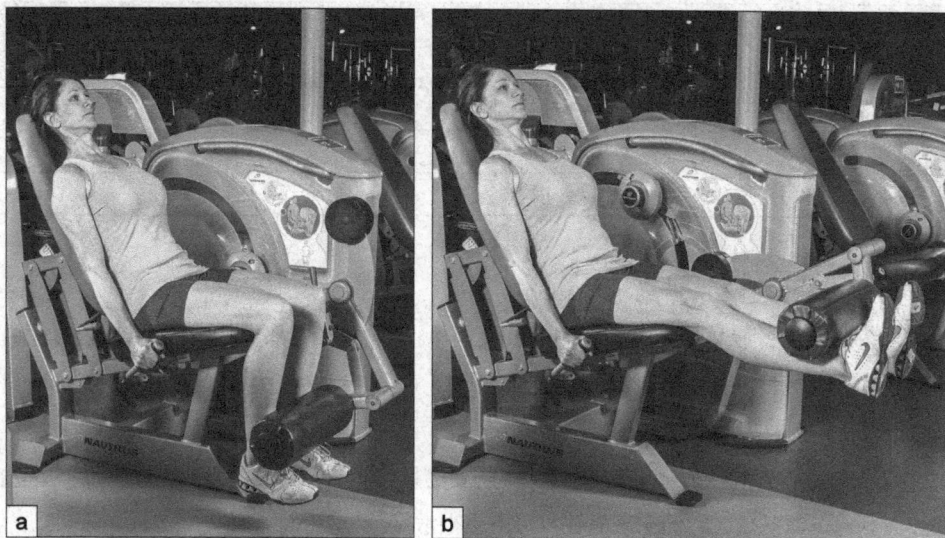

图2.4 坐姿腿屈伸：（a）起始姿势；（b）运动姿势

确定下肢力量的6个步骤

1. 选择重量时应选择自身体重的25%，配重片要尽量与这个重量吻合，一次做10组。休息2分钟。

2. 把重量增至自身体重的35%，一次做10组，然后休息2分钟。

3. 把重量增至自身体重的45%，一次做10组，然后休息2分钟。

表2.4 评估下肢力量的坐姿腿屈伸分类表

下肢力量得分		下肢力量指数得分
男性	女性	（圈出一个数字）
0~49%	0~39%	5
50%~69%	40%~59%	6
70%或以上	60%或以上	7

4. 连续测试，不断增加重量，直至找到自己的最大负重，即使用正确技巧能够完成10次动作时的负重。

5. 用负重除以体重就是下肢力量的得分，在表2.4的空白处记录下这个数字。例如，如果你体重为120磅，完成10组重达40磅的负重练习，那么腿部力量得分为33（40除以120约等于33，或者33%）。

6. 确定自己的得分属于左栏中的哪个数字范围，在右栏圈出相应的数字。

确定全身力量，选择力量训练计划

现在你可以看看在表2.2、表2.3、表2.4中最右栏所圈出的力量指数，从而了解自己的全身力量。这些数据将会告诉你第9章~第11章中哪些力量训练计划符合你的力量水平和训练目的。

直接将3个表最右栏中的得分相加，然后再除以3。例如，如果在这项测试中都得5分，那么你的整体力量得分就是5分（15除以3等于5）。如果三项测试的得分分别为5、5、6，那么你的整体力量得分则是5.3分（16除以3约为5.3）。如果得分分别为7、7、6，那么你的整体力量得分就是6.6分（20除以3约为6.6）。

如果三项力量测试的平均值为5、5.3、5.6，那么在力量训练开始时你就可以选择第9章中所提到的基础训练计划。如果平均值是6、6.3、6.6或7，在训练开始时你可以选择第10章的高级训练计划，或者第11章中的体育专项训练计划。如果进行力量训练的初衷是为了提高自己在某项运动中的成绩，而且以前从未接触过力量训练，力量得分为5、5.3或6，那么在训练开始时一定要选择第9章中讲到的训练计划。注意，在确定选择第9章的某项训练计划后，要至少坚持两周后才能进行第11章中的体育专项训练计划。

在开始训练时，可以选择低于你的整体力量水平的训练计划，与此同时，我们建议大家不要在训练开始时选择高于自己整体力量评估水平的训练计划。

可能由于个人原因，例如受伤或个人条件受限，有些人无法在腿部伸展器械上完成相应项目。如果你只能完成两组测试，那么就把这两组得到的分数相加再除以2，一样可以得出你的整体力量水平得分。

同大家一样，我们在进行力量训练时是十分认真的，我们也希望你能找到最适合你当下肌肉潜能的训练计划。通过本章提到的3项评估方法，你会对自己的上肢、上腹部和下肢力量有一个基本的了解，从而帮助你在第9章~第11章中找到最适合自己的训练方法。人们评估自己的总体肌肉力量时需要花费一定的时间和精力，但这都是值得的，因为这些数据会帮助你选择最有效的训练计划，从而进一步提高你的力量水平。

有效训练的诀窍

知道如何确定自己的整体力量以及如何选择适合自己的力量水平的训练计划后，现在该了解一下有效训练的诀窍了。尽管这些建议看起来像是大家众所周知的事情，但它们会给你提供绝对有效的训练经验。阅读以下建议，然后按照第9章~第11章的内容开始训练。

定期训练

按照本书所提供的训练方法，你一定可以成功——这意味着你一定要定期训练。三天打鱼两天晒网不会有任何效果！最有效的策略就是找一个同伴。对同伴负责会是你持续锻炼的动力，要找一个与你的个人日程表一致的同伴，并制订出相应的训练计划。

逐渐增加训练强度

为了让肌肉慢慢适应力量训练的压力，一定要严格遵守第9章~第11章中每一项训练所推荐的培训周数。遵循这些指导可以让你逐步增加训练计划的强度或难度，同时有足够的恢复时间，从而达到最佳的训练效果。

恰当饮食和充足休息

不要低估营养和休息的重要性。要遵循以下训练公式：

定期训练+均衡饮食+适当休息=巨大的改变

糟糕的是，很多人只关注其中一个或两个因素。如果忽视其中任何一个因素，训练结果都不会十分理想。尽管已经有很多关于营养保健品的价值及作用的报道，但营养学家仍然在继续强调饮食均衡的重要性（饮食中应包含大约15%的蛋白质、55%的碳水化合物和30%的脂肪）。有相关研究指出，年过50岁的人应增加蛋白质的摄入，这对他们是很有益的——尤其是在进行力量训练前后，这方面的问题在第12章讲营养计划时会提到。

水本身不含能量，严格来说也不算食物，但却是最重要的营养成分。人体主要由水构成（肌肉中80%都是水），水合作用不够充足的话，人只能存活几天而已。标准建议是人每天应该喝8杯水，进行身体锻炼的人应该喝得更多。不幸的是，人体口渴的感觉会随着年龄的增长而逐渐变得不敏感，所以你应该注意自己喝水的量是否足够，从而保证人体充足的水合作用。因此，在你进行力量训练时，每天除了喝8杯水，应该额外再补充1~2杯水，每杯8盎司。

此外，因为咖啡、茶、减肥饮料都有利尿成分（有利尿的作用），所以你不能指望通过这些来补充每天所需的水分。但是你可以通过饮用矿泉水和果汁来代替喝水。苹果汁包含丰富的钾，橙汁富含维生素C。蔓越莓果汁在维生素C含量上与橙汁差不多，同时还可以预防膀胱感染。胡萝卜汁富含维生素A、维生素C、钾和纤维。

除了营养，人体还需要休息，就像好好休息才能更好地锻炼身体，锻炼过后也需要好好休息才能有助于身体肌肉的重建。刚开始时，每周锻炼两三次就好。锻炼次数不是越多越好。如果训练的次数过多，就没有充足的时间修复和重建肌肉、吸收蛋白质，甚至有可能对身体造成损伤。理智而有计划地锻炼身体，就是指要定期锻炼、均衡饮食、休息充分、保持水分。

热身和放松

力量训练的运动量较大，对人体肌骨系统的要求相对较高。因此，不能直接开始力量训练，也不能在练习结束时戛然而止。力量训练前先做一些热身运动，例如快走或慢走3~5分钟，这样可以帮助你从精神到身体进入训练的状态。你也可以选择一些负重练习项目，例如屈膝、侧弯或者仰卧起坐。先在热身练习中活动一下将要在力量训练中所要锻炼的肌肉，可以按照第9章~第11章开篇部分提到的那样，做10组练习，每组负重为训练时负重的一半。在力量训练完成后，要逐渐地降低活动强度，让身体慢慢地放松和恢复。这个阶段从本质上来说就像是逆向热身。它会帮助你的肌肉和心血管系统逐渐从工作状态调整到休息状态。对于老年人来说，放松阶段尤其重要，因为剧烈运动后血液会聚集到下肢，从而引起血压方面的不良改变，引起心血管并发症。5~10分钟的放松活动，例如在健步或骑行后做拉伸训练，都会帮助人体过渡到静息循环，让血液流到心脏。图2.5展示了4种简单的伸展练习动作。每个伸展练习动作要坚持大约15秒。虽然在练习时好像没有分出放松活动的时间，但是在训练期间放松活动是非常重要的过渡活动，是训练期间不可缺少的一部分。

力量训练服装

力量训练是一项挑战体能的训练，需要人们穿体能训练服。建议练习者可以穿宽松的短裤和T恤衫或者超轻热身服。宽松轻盈的训练服可以帮助人体更好地散热，避免人体温度过高。舒适的训练服可以让人们的动作更舒展，活动更自如，在做整套练习动作时不受到任何束缚。除了衣服，人们还要考虑其他的装备，如鞋和手套。

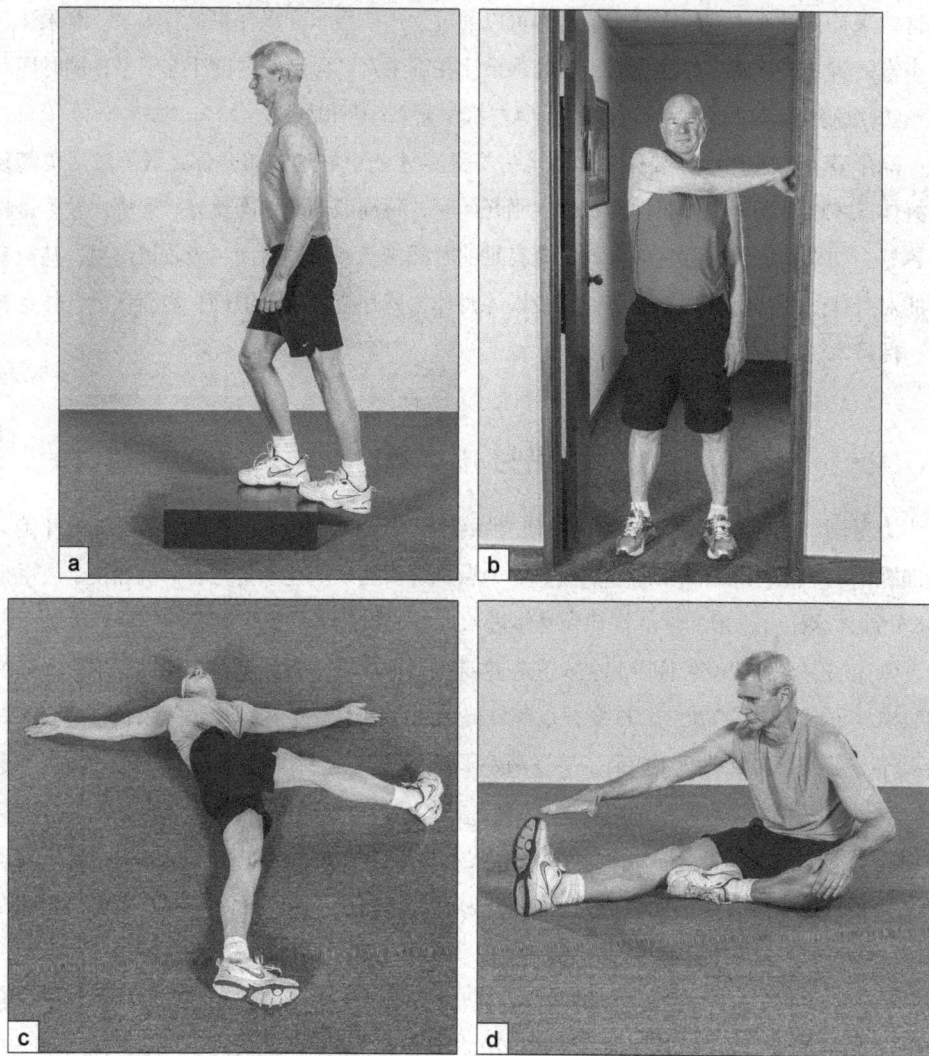

图2.5 伸展练习：（a）抬腿；（b）门边拉伸；（c）T字拉伸；（d）4字拉伸

要选择摩擦力好并且防滑的运动鞋。选择普通脚跟宽度的鞋子（例如网球鞋），不要选择华夫格鞋底的跑鞋。全能训练鞋是进行力量训练时最理想的选择。手套可以不准备，但是如果持续握力不强，那么建议你准备一副。购买手套时，可以选择手心是皮质的、手背是网眼状的，这样更有韧性，贴合度更好。

在健身房还是在家里训练

你可能会认为，要到有良好器械的健身房才能完成本书中提到的运动训练项目。如果是这样的话，以下几点关键因素是你选择健身房应该考虑的：

- 有健身设备；
- 健身教练具备从业资格证；
- 能提供服务；
- 会员费。

理想情况下，你选择的健身房应该设备完善，健身教练可以提供专业指导，从而可以根据你的需要制订与个人能力相匹配的训练计划。另外，训练场地应该相对比较宽敞。在有经验的教练的指导下一般不会发生什么事故，但是如果训练场地人员过多就会增加发生事故的概率。如果想在健身房进行训练，一定要选择训练场地中器械之间有足够空间的健身场所。不要选择器械摆放凌乱的场所，因为这样会增加受伤的概率。另外，健身房的人数过多会妨碍你集中精神，因而可能会导致事故的发生。

对很多人来说，由于时间有限或健身房会员费用过高，或者两者都有，因而在家里进行锻炼是唯一比较实际的选择。如果决定在家里锻炼，一定要找一块宽敞的地方来放置健身器械。如果在一个凌乱房间的角落里锻炼，那么你的健身活动就变得不会那么愉快，而且会引发安全问题，尤其是当活动区域非常有限时，问题会更加突出。锻炼的地方应当确保有充足的照明，保证空气流通以及配有至少一个插座。插座可以让你在锻炼时使用DVD、MP3播放器、收音机、电视、跑步机或者踏板机。如果可能的话，选择的区域最好是有比较高的屋顶，地板上铺有地毯。不要在倾斜的地面或裸露的混凝土地面上训练，因为这样的地面会比较滑。摆放器械时（如训练椅和跑步机），它们之间一定要至少间隔50厘米，以便人可以轻松通过。

选择私人教练

一名经验丰富的私人教练可以帮助你进行本书中提到的训练计划并从中受益。好的私人教练能够根据个人不同情况选择本书第9章~第11章中提到的练习，向你展示如何正确地去做相应的训练项目，激励你完成每个训练计划并达到预定效果。在需要时，教练可以对你在家里锻炼所需要的器械提供建议，而且还可以向你推荐信誉良好的商店，让你能够以公道的价格买到合适的训练器械。如果决定聘请一名私人教练帮助你完成训练，那么我们强烈建议你要选择一名技术过硬的教练，可以向候选教练提问以下几个问题。之后让教练根据他以前和现在客户的经历给你提供相关的建议。

- 描述你作为私人教练的专业背景。是否写过有关运动生理学、生物力学和营养学方面的学术论文，最好是获得过运动科学、运动生理学、物理治疗、运动防护或体育专业的相关学位。

■ 获得哪些直接与私人教练相关的认证证书？要选择曾获得过由认证机构委员会认证的专业组织颁发的资格证书的教练，例如美国国家体能协会（NSCA）、美国运动医学会（ACSM）和美国运动委员会（ACE）。

■ 做私人教练多久了？选择从业两年以上的教练。聘用没有经验的私人教练时一定要谨慎。

与私人教练签约前，先观察他是如何指导客户训练的。即便你对你所观察到的情况非常满意，也不要立即签约，一定要跟着他至少进行一期训练后再决定。还有，要考虑一下费用问题，在美国一期训练一般在50~100美元，咨询一下如果一次报几期的训练，价格是否有优惠。

保持积极的态度

所有成功都来之不易，这句话同样适用于力量训练。但是，如果你能保证定期参加训练，那么无论是你的外形、健康还是体能都会得到很大改善，从而让你确信自己付出的时间和努力都是值得的。用在训练上的每一分钟都会收获成效，所以除非你身染重病或身受重伤，否则不要落下每一次训练。能落下一次，就会落下两次、三次，长此以往，你不会看到任何成效。一定要记住：你花在训练上的每个小时都是在为自己的改变所做的努力。这都是你自己的时间，所以一定要珍惜它，让每一分钟都有意义。无论从心理上还是身体上，你都会觉得越来越好。你可以用一小时的负重训练来改善自己的外表、健康状况和体能表现。你投资在训练上的时间终会获得丰厚的回报。

小　　结

本章主要是帮助你了解自己的肌肉强健水平，确定第9章~第11章中最适合自己的训练计划。现在，你已经找到了成功训练的诀窍。如果从未进行过力量训练，并希望从第11章中找到适合自己的运动专项训练计划，你必须先进行第9章提到的入门训练。按照本章所提出的建议，能让你的训练变得更愉悦、更安全、更有效。第3章主要介绍了安全训练的规则以及有效改善人体肌肉强健水平的方法。

第**3**章

训练的适用原则

本章介绍一些通过研究得到的指导原则，它们可帮助你实现最佳的力量训练效果并保证训练安全。本章按照以下顺序阐述这些指导原则：训练计划设计的变化因素、练习技法和训练项目的组织。

训练计划设计是必然要阐述的，此外本章还会剖析与训练相关的所有关键因素。然而，恰当的练习技巧和热身与放松也同样重要，因为它们不仅关系到训练效果的好坏，还可以减少受伤的风险。最后，一些关于训练项目组织的信息也很重要，特别是想把力量训练和有氧训练融合到同一组训练中时。

训练计划设计的变化因素

本章主要介绍一些训练指导原则，其中涉及如何选择和组合训练项目、确定训练频率、负荷大小、动作重复次数、训练组数，以及每组练习和不同训练项目之间的休息间隔。此外，本章还阐述了如何实现最佳的训练效果。只要遵循这些指导规则，就可以保证力量训练的安全性和有效性。

训练项目的选择

很多力量训练项目可以借助器械来完成，例如自由重量器械（杠铃、哑铃、壶铃）、配重片器械、健身球、阻力带和自重阻力机。因此，选择训练项目时必须十分慎重，这样才能保证在训练效率、训练有效性和训练安全性之间达到平衡。本节介绍了设计目标明确且实用的力量训练的依据，这样的训练项目才能在合理的训练原则指导下全面提升人体的肌肉力量。

针对每一组主要肌群进行一项练习 选择合适的训练项目，最重要的原则之一就是给每个主要肌群（如胸部、肩部、背部、手臂、核心部位和腿部）至少选择一项与之相对应

对抗肌群——关节附近产生对抗动作的肌肉（如肱二头肌使肘关节弯曲，而肱三头肌使肘关节伸直）

力量失衡——过分锻炼身体一侧肌肉，从而导致另一侧力量失衡

的练习。这么做是为了保证训练可以均衡地锻炼身体的肌肉。如表3.1左栏所示，每个主要肌群都至少有一个训练项目。

针对反向肌群（对抗肌群）选择训练项目 很多人会选择某些特定的训练项目，因为这些项目更加大众化、更方便、更能让练习者获得比旁人更大的满足感。举个例子，大多数力量训练计划都会利用仰卧推举锻炼上肢。仰卧推举确实能够增强胸部、前肩和后臂（肱三头肌）的肌肉。然而，如果你没有同等重视上背、后肩和前臂（肱二头肌）等反向肌群的锻炼，将会导致力量发展不均衡，从而引起姿势不当，极易引发关节损伤。

训练顺序

一直以来，力量训练项目的顺序一直困扰着人们。有些人在训练时倾向从他们比较强壮的肌群开始，而有些人则会先开始训练他们身体以前没有锻炼过的、因而相对较弱的肌群。因为与较小的肌群（例如肱二头肌）相比，较大的肌群（例如股四头肌或者大腿前部肌肉）会消耗更多的能量，让人更容易疲劳，血压也会偏高。大部分力量训练机构会建议人们在训练时先从大肌群开始，然后再进行小肌群的训练。

我们建议先锻炼大肌群，再锻炼小肌群。表3.1按照从大（大腿）到小（前臂）的顺序列举了人体主要肌群，同时还列出了各个肌群锻炼的先后顺序：先是下肢肌群，后是上肢肌群，然后是核心肌群（上腹部）和颈部肌群。有些人称之为优先训练法，因为这种训练是先训练大肌群，然后才训练小肌群。在没有锻炼经验的情况下，要采用这种练习顺序，确保大肌群得到锻炼。优先训练法确保你能在大小肌群的锻炼中，优先考虑大肌群的锻炼。

当然，也可以不采用这种顺序进行锻炼。比方说，如果以前没有相关锻炼的经验，你偶尔也会想从身体较弱的肌群开始锻炼。记住，改变训练顺序时，也要相应地改变动作重复的次数。如果你按照与正常训练相反的顺序去做，那么练习的次数应该要有相应的增加，因为只有这样在训练刚开始时才不会像之前那么疲惫。

训练频率

定期进行力量训练会让肌肉处于紧张状态，产生一定的组织微创。每次训练后，在训练中受到刺激的肌群组织会进行肌肉重组，从而让肌肉变得更大、更强壮。这些肌肉重组过程一般需要48~96个小时。尽管不同人可以有不同的训练频率，但是将锻炼频率保持在一周2~3次，就能使大部分人的力量持续提升。

表3.1　主要肌群训练项目

肌群	固定器械练习	自由重量练习	自重、阻力带和健身球练习
大腿前侧（股四头肌）	坐姿腿屈伸	哑铃深蹲或杠铃深蹲	用健身球做墙蹲
大腿后侧（腘绳肌）	卧式腿弯举	哑铃深蹲或杠铃深蹲	用阻力带做深蹲
大腿内侧（髋内收肌）	坐姿髋外展	—	—
大腿外侧（外展肌群）	坐姿髋内收	—	—
小腿（腓肠肌）	提踵	哑铃提踵	—
胸部（胸大肌）	坐姿夹胸	哑铃或杠铃卧推	用阻力带做坐姿推胸
上背（背阔肌）	屈臂下拉	单臂哑铃划船	用阻力带进行坐姿划船
肩部（三角肌）	侧平举	坐姿哑铃推举	用阻力带做坐姿肩上推举
前臂（肱二头肌）	双臂弯举	站姿哑铃弯举	用阻力带进行双臂弯举
后臂（肱三头肌）	头后臂屈伸	哑铃头后臂屈伸	用健身球做训练凳屈臂支撑
背下部（竖脊肌）	下背伸展	自重躯干挺身	—
腹部（腹直肌）	腹部屈曲	自重躯干屈伸	用健身球进行躯干伸展
体侧（腹外斜肌和腹内斜肌）	躯干旋转	转体仰卧起坐	自重转体仰卧起坐
前颈（胸锁乳突肌）	颈部前屈	—	—
后颈（上斜方肌）	俯卧伸展	哑铃或杠铃耸肩	阻力带耸肩
前臂（尺侧腕屈肌与桡侧腕屈肌）	前臂前屈与伸展	腕屈伸与伸展	

隔天锻炼一次（例如，每周一、周三、周五或周二、周四、周六）可以确保锻炼的连贯性及最佳的锻炼效果。但是一周2次力量训练和一周3次力量训练所产生的肌肉生长速度几乎是一样的。如图3.1所示，对1,132名对象进行为期8周的锻炼研究后发现，每周锻炼2次的人肌肉增加程度相当于每周锻炼3次的人的90%。图3.1数据同时还表明，对1,644名对象进行为期10周的随访研究后发现，无论是一周锻炼2次还是一周锻炼3次，他们的肌肉增长速度是一样的。这两组研究对象的平均年龄都超过50岁，所以这些结果同样适用于之前提到过的训练计划。

肌肉创伤——肌肉细胞暂时变弱，刺激肌肉重组并增强力量。

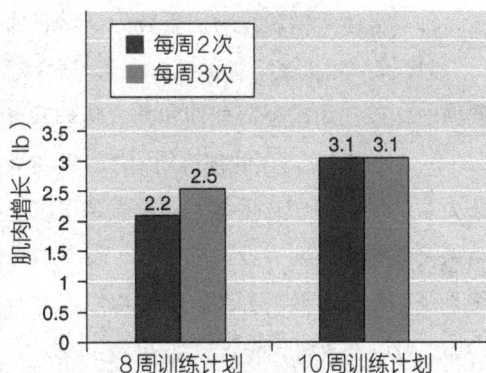

图3.1　经过一周2次或一周3次的力量训练后2,776名参与者的肌肉质量的变化

基于以上研究，本书建议人们一周可以进行2~3次力量训练。每周训练2次或者3次的肌肉增长的幅度是一样的。从研究结果来看，尽管一周锻炼一次也会促进力量的提升，但是肌肉增长幅度会降低50%。

另外还要注意一点，连贯性和频率一样重要。不遵循训练计划，训练效果就不佳，想用连续两天的肌肉锻炼来弥补中间中断的锻炼是不会达到预期效果的。因此，应该制订一份与自身作息相匹配的定期力量训练计划，每周包括2~3次训练，而且训练的时间必须有一定的间隔。

训练组数

训练组数是指制订练习所做的一组连续重复性动作。如果用哑铃做了10个肱二头肌屈曲，然后把哑铃放下，便完成了10次为一组的一组动作。如果中间休息然后重复这个步骤，你就完成了两组动作，每组包含10个重复动作。最初进行力量训练时，应该每个动作做一组。

每个动作项目做一组是进行力量训练的最低标准，每个项目做一组是增强肌肉的有效方法。一份关于增强上肢力量的研究结果显示，根据增加重复次数的方式来测定，在为期10周关于引体向上和平推杠铃架的训练中，无论做一组、两组还是三组，人们力量增长的幅度几乎是一样的（参见图3.2）。

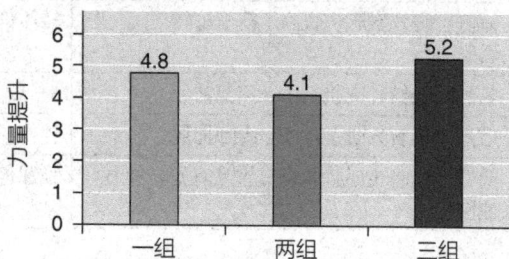

图**3.2** 一组、两组、三组力量训练对比图（77名参与者）

佛罗里达大学做过对比下肢力量增长的研究（通过比较举起重量增加的百分比），研究对象需要做一组或三组坐姿腿屈伸和卧式腿弯举。如图3.3所示，在为期14周的训练期间里，两组人员下肢力量的增长幅度几乎是一样的。基于以上研究结果可以得出，在力量训练初期，每个项目做一组是既明智又有效的方法，如果你以后有时间和动力，可以再增加至每个项目做两组或者三组。

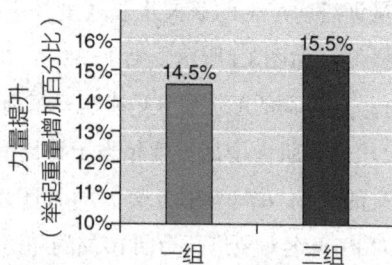

图**3.3** 一组与三组力量训练结果对比（38名参与者）

分组练习与不同训练项目之间的休息间隔

如果训练需要做两组或者两组以上，那么每组练习中间应当休息1~2分钟，让你的肌肉可以得到适当的恢复。这个时间间隔足以让你的肌肉得到休息，而且可以大致恢复无氧供能系统。不同训练项目之间也需要短暂休息，从而可以减少后续肌肉训练的疲惫感。训练期间，不同训练项目之间休息约1分钟即可。

训练负荷

参与力量训练的人们关心的首要问题是如何选择合适的训练阻力，或者说是训练负荷。最重要的一点是要确保训练开始时负荷不可过大。当然，你所使用的重量、负荷以及阻力大小，很大程度上决定了你在一组练习中重复动作次数的多少。

举个例子，如果按照第2章的力量评估方法对力量进行评估，得出的结果是你适合做第9章中的训练计划，那么所选择的负荷应该让你每个训练项目都可完成12~16次重复动作。

如果你从第10章的训练计划开始练习，那么应该选择更大的负荷，这个负荷可以让你重复完成某些动作8~12次，而更高级的练习则能重复4~8次。一般来说，大部分人如果选择的负荷是他们说能承受最高值的60%，那么他们就可以完成16次重复动作；如果是最大值的70%，则可以完成12次重复动作；如果是最大值的80%，则可以完成8次重复动作；如果是最大值的90%，则可以完成4次重复动作。举个例子，如果你的练习重复次数的范围是8~12次，那么负荷练习的开始时次数应该控制在8~10次，这样你会觉得比较轻松。按照这种负荷持续训练，直到在这个训练负荷下可以运用正确的技术完成12次重复动作，然后可以根据超负荷原则继续增加训练负荷。

数十年来，很多成功的力量训练计划都是基于超负荷原则的。超负荷意味着给人体施加一个较大的运动负荷，从而刺激机体，促进力的发展。例如，如果你负重100磅时可以完成10个卧推，那么可以在原有负荷的基础上再增加5磅，在这样轻微增加负重的情况下，依旧完成与之前同样数量的动作。

选择相对较大的负重，减少重复次数；或者选择较轻的负重，增加重复次数，都一样符合超负荷原则。因此，指导原则是很有必要的。这些指导原则都是基于你在训练中可以承受的最大重量的百分比，也就是训练时所能承受的最大负荷的百分比。下一节将会提到训练负荷及重复次数之间存在相对稳定的关系，因此你没有必要去确定自己所能承受负荷的最大值究竟是多少。每一个训练计划章节（第9章~第11章）都提供了帮助你选择合适训练计划的表格。为了最大限度地达到训练目的，你选择的负荷应该可以让你做4~16次重复动作，分别相当于你所承受负荷最大值的90%~60%。

最大负荷与重复次数之间的关系

最大负荷，通常被称为最大重复值或最大负荷重量，是指一个人一次可以举起的最大重量。训练负荷不超过最大负荷值（1RM）的情况下，可以按照以下具体重复次数实施训练。

95% 1RM = 2次

90% 1RM = 4次

85% 1RM = 6次

80% 1RM = 8次

75% 1RM = 10次

70% 1RM = 12次

65% 1RM = 14次

60% 1RM = 16次

在一个关于负荷与重复次数之间关系的研究中，有141名参与者参加了相关测试，结果得出在训练负荷为最大值75%的情况下，他们在训练中所做动作重复次数的平均值。如图3.4中显示的，平均重复次数为10.5。然而，在负荷相同的情况下，有些人次数低于平均值，也有些人高于平均值。这些差异源于人体肌肉纤维组成的基因差异性，这在某种程度上解释了人们训练时重复次数有高有低的原因。

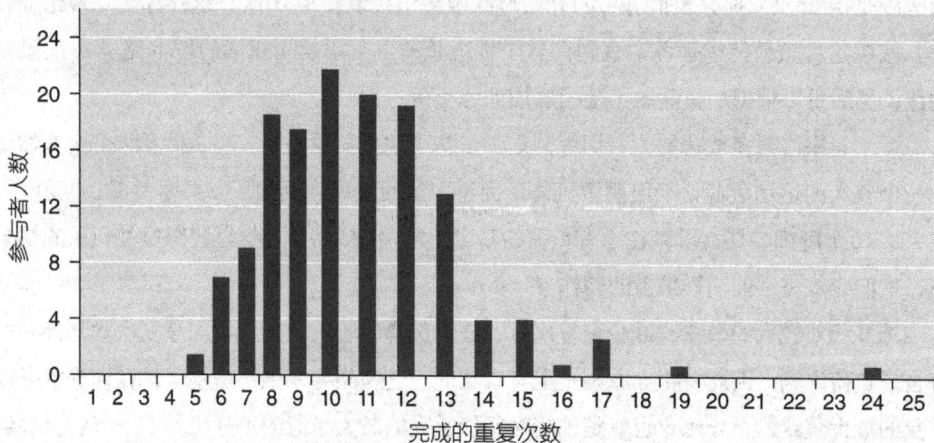

图3.4　负荷为最大负荷值75%的情况下所完成的重复次数分布图（141名参与者）

重复次数和负荷

发展强壮肌肉的关键是要采用循序渐进的训练系统，这是指在训练中逐渐增加训练负荷。在一定的负荷下，人们通过努力可以做4~16次重复动作，这个负荷就是理想负荷值。如果选择的负荷过重，那么即使4次重复动作也很难完成。如果选择的负荷过轻，那么很轻松就可以完成16次以上的重复动作。通过训练使肌肉逐渐变得更加强壮，同种负荷下可以完成比以前更多的次数。在这种情况下，人们应该增加训练负荷，这种超负荷训练会产生刺激从而促进力量的进一步增长。

1. 通过第9章~第11章的内容确定适合自己的重复次数。

2. 在表3.2的左栏中，找到并圈出适合自己的次数范围。

3. 在"完成次数"一栏下找出所用负荷情况下完成重复次数的次数范围并标出记号。

4. 在"重复次数范围"行和"完成次数"列找出适合自己的训练负荷。

5. 根据自己原有训练负荷用"-""+"标出自己下一步训练时训练负荷的训练方向。

6. 如有需要，可以重复以上步骤；有时需要做出适当调整才能最终得出适合自己的训练负荷。

举个例子，你选择了卧推这个训练项目，根据表格选出适合你的重复次数为10次，而你在训练负荷为110磅的情况下做了15次重复动作。那么说明你选择的训练负荷过轻了。根据表3.2左栏所示，在10~11这个次数范围内，10次属于较低的次数。为了确定运动负荷需要改变的数量，可以在"完成次数"一栏下14~15这个范围找出相对应的横坐标。这里所对应的坐标值是+10。意思是在原有110磅的训练负荷上再增加10磅，得到适合你的训练负荷为120磅。

表 3.2　负荷调整

		完成次数								
		>18	16~17	14~15	12~13	10~11	8~9	6~7	4~5	2~3	<2
重复次数范围	14~15	+10	+5			−5	−10	−15	−15	−20	−25	−30
	12~13	+15	+10	+5			−5	−10	−15	−15	−20	−25
	10~11	+15	+15	+10	+5			−5	−10	−15	−15	−20
	8~9	+20	+15	+15	+10	+5			−5	−10	−15	−15
	6~7	+25	+20	+15	+15	+10	+5			−5	−10	−15
	4~5	+30	+25	+20	+15	+15	+10	+5			−5	−10
	2~3	+35	+30	+25	+20	+15	+15	+10	+5			−5

经许可摘自 T.R. Baechle and R.W. Earle, 2014, *Fitness weight training*, 3rd ed. (Champaign, IL: Human Kinetics), 34.

一般来说，建议练习者从低负荷高重复次数慢慢过渡到高负荷低重复次数，然后当训练负荷继续升高时，再次重复这个过程。以书中的训练计划为例，第9章中的基本训练计划要求做12~16次重复动作，而第10章中的高负荷高级训练计划中，重复动作次数则为8~12次，或者仅有4~8次。坚持这种重复次数为4~8次的训练计划几周以后，就该考虑减轻运动负荷，转向高重复次数的训练计划（12~16次或8~12次），坚持2个月，然后再升级为高负荷低次数的训练计划。

阻力带训练项目的训练负荷　与杠铃、哑铃或者带有配重片的器械不同，阻力带训练的难度和强度并不取决于重量。相反，它取决于阻力带的厚度和伸展度。许多（但不是全部）阻力带生产商生产产品时都采用以下色彩顺序，黄色（最细、极易伸展）、红色、绿色、蓝色、黑色、银色和金色（最厚、极难伸展）。要注意，还有其他颜色的阻力带，如粉色、酱紫色、浅蓝色、橙色和褐色，它们的厚度也各不相同。因为阻力带的重量或负荷并没有统一标准，所以很难确定人们在开始训练时应该选择哪种颜色的阻力带，同样在准备增加训练难度时也很难选择合适（颜色）的阻力带。使用阻力带进行训练时，选择合适的训练负荷的最好方法是，在第9章~第11章中找到书中计划建议的重复次数，然后经过试验和试错，最终找到适合自己的阻力带训练时的重复次数。

壶铃训练项目的训练负荷　因为很多壶铃训练项目涉及不同的肌群，因此很难选择合适的训练负荷。选择的训练负荷取决于你的健康水平和选择的训练项目。同样，使用壶铃进行训练时，选择合适的训练负荷的最好方法是，在第9章~第11章中找到书中计划建议的重复次数，然后经过试验和试错，最终找到适合自己的壶铃训练时的重复次数。

训练进阶

随着训练的持续进行，你的肌肉力量逐渐增加，你可能想使用更高的训练负荷。进阶是力量继续发展的关键，但是你必须循序渐进、系统训练，才会得到最好的效果。要记住，力量训练是一项终身活动，因此无须做得太多太快，这样只会导致伤痛和挫折。

双重进阶机制　我们推荐"5%规律"，你完全可以把它应用到本书提到的任何一个力量训练项目，从而让你的力量训练更加安全和有效。5%规律是指当你连续两个训练项目都可以达到重复次数范围的较高值时，就应该在下一个练习中增加5%（或少于5%）的负荷。举个例子，如果你选择的是12~16次重复动作的训练计划，负荷100磅的情况下在两个连续的练习中你都可以完成16次坐姿腿屈伸，那么下一个训练期你应该把训练负荷提至105磅。同样地，如果你选择的是8~12次的训练计划，负重50磅的情况下，连续两个练习都可以完成12次重复动作，那么下一个训练期应该把训练负荷提高2.5磅。

这是一个双重进阶机制，你首先增加训练重复次数（在理想次数范围内），然后再增加训练负荷（5%或更少）。尽管运用起来相对比较简单，但是这个双重进阶的方法有着良好的安全记录，尤其是可以让初学者在两个月训练时间内力量提升超过40%。

多组训练　另一种逐步增加训练强度的办法就是使用多组训练法。多组训练法在每组练习中都可以提供大负荷肌肉活动，适合那些倾向长期训练的练习者。使用这种训练方式有3种标准方法。

1. 在所有的训练组中使用相同的训练负荷，动作重复次数也一样。

2. 增加每一组训练项目的训练负荷，动作重复次数一样。

3. 增加每一组训练项目的训练负荷，减少动作重复次数。

在第1种方法中，不同的训练项目使用相同的训练负荷，例如在负荷100磅的情况下，做3组重复次数皆为10次的坐姿腿屈伸。这种训练模式不仅提供了相对较高的运动量，而且每一组练习都付出了相对较高的努力，在训练负荷适量的情况下，可以让训练变得极具挑战性。

在第2种方法中，训练模式的特点是多种训练项目都增加较大的负荷，如第1组在负重60磅的情况下，做10次坐姿腿屈伸，第2组在负荷80磅的情况下，还是做10次坐姿腿屈伸，第3组在负荷100磅的情况下，仍然做10次坐姿腿屈伸。这个训练方法让你在做较大负荷训练前能有一个循序渐进的热身过程，但它只需要你在最后一组练习时付出相对较大的努力。

在第3种选择中，这种训练方法有时被称为金字塔方法，是指在连续的练习中使用较大训练负荷，但是重复次数则要少得多。举个例子，在负重100磅的情况下，做10次坐姿腿屈伸，在负重115磅的情况下，做8次坐姿腿屈伸，在负重130磅的情况下，做6次。一个设计良好的金字塔模式需要练习者在每组练习中都要付出较大的努力，所使用的运动负荷跟其他训练方法中需要的一样甚至更多。如果你是一个没有训练经验的练习者，那么应该从第2种多组训练方法开始，因为它会给你提供一个循序渐进的热身过程，只有一组练习需要你付出极大的努力。如果你经验比较丰富，你可以选择第1种或者第3种方法，这取决于你是喜欢在同种训练负荷下，在每组练习中付出极大的努力，还是在每组训练都付出极大的努力时，仍然在训练中逐渐增加训练负荷，但是随之相应减少动作重复次数。

因为有许多种训练负荷可以很好地提升力量，所以要定期使用不同的最大值负荷百分比进行训练。例如，第9章提到的训练计划使用的训练负荷为训练负荷最大值的60%~70%（重复次数12~16次），而第10章提到的训练计划有的使用最大值的70%~80%（重复次数8~12次），有的则使用80%~90%（重复次数4~8次）。系统性地改变你的训练负荷，会给你的身体和心理带来双重益处。要记住，使用训练负荷为负荷最大值60%~90%的力量训练对你力量的提升和肌肉的构建是最有效的。

训练强度

体育心理学家也赞同高水平肌肉力量训练有利于增强力量。训练强度大到会让目标肌肉变得疲惫时，就会得到最佳的训练效果。按照这个方法，在训练负荷为负荷最大值的90%~60%时，分别做4~16次重复动作，就会收到理想的训练效果。当力量增长时，你还可以考虑一下提高训练强度的方法。

例如，你可以做一组坐姿腿屈伸，休息1~2分钟，然后再做下一组。更有效的方法是，做一组坐姿腿屈伸，紧接着再做一组坐姿蹬腿。这两组练习都可以锻炼你的股四头肌，但是它们是两种截然不同的运动模式，会产生额外的训练刺激。当然，只要你想在训练中付出更大的努力，那么就应该遵循这个更具挑战性的练习模式。

训练项目的组织

现在你懂得了如何选择训练项目和安排练习顺序，也了解了该如何确定运动负荷和动作重复次数，那么就让我们介绍一下如何最恰当地组织训练项目。本节将阐述如何在做力量训练的训练项目的同时进行有氧（心肺）运动。此外，本节也介绍热身和放松的相关指导原则。

力量训练是改善肌肉健康的最佳途径，而有氧运动对于改善心肺功能则效果最佳。但是如果想把两者放进同一次训练中，要先从力量训练开始，还是先从耐力训练开始呢？

在我们的一份研究中，205名成人做同一组力量训练（10种器械）和耐力训练（25分钟的骑行、散步和快走），共持续了10周，其中每周3天。有一半参与者从力量训练开始，另一半参与者从耐力训练开始。

表3.3　力量增加与练习顺序

训练方案（10周）	平均肌肉增长量 （磅/千克）
从力量训练开始	+16磅
从耐力训练开始	+15磅

如表3.3所示，经过两个月的训练，实际上两组人员力量增长值几乎相同。因此，究竟是从力量训练开始，还是从耐力训练开始，这只是个人喜好问题。当然，如果最初的训练目标是为了改善肌肉强健度，那么最好还是从力量训练开始。如果你的主要目标是为了改善心肺功能，那么理应从耐力训练开始。

无论选择哪种顺序，都要保证在训练前进行几分钟的热身运动（参见第2章），每次结束后还要有几分钟的放松活动。这些休息与训练活动之间的过渡对人们的身心都非常重要且有益。

小　结

本章主要介绍力量训练计划涉及的具体细节，包括项目选择、顺序排列、训练组数、休息间隔、训练负荷、重复次数、训练进阶和训练强度。真正理解这些训练指导原则后，现在就可以着手设计一组安全有效的力量训练计划。持续提升需要合适的训练强度，而训练强度主要与训练负荷、重复次数和训练组数有关。最后，要考虑训练项目该如何组织或排序，以及热身和放松的重要性。所有这些关于力量训练的相关考虑事宜都列在表3.4中，其中还有成功实施的具体训练计划。要想从力量训练中获益，同时减少受伤的概率，我们强烈建议人们在训练时务必遵循以上指导原则。

表3.4 力量训练原则与训练计划总结

训练计划设计的变量
训练项目的选择：为每一个主要肌群选择至少一项练习，从而让肌肉发展更加均衡。选择对抗肌群训练，保证关节与肌肉之间的力量均衡。
练习顺序：先训练下肢，然后是上肢，接着是核心肌群和颈部练习；先锻炼身体的大肌群。
训练频率：每周训练2~3天，中间必须间隔开。
训练组数：开始力量训练时，每个练习做1组。有经验后，如果愿意，可以增加到2~3组。
组之间的休息间隔：同一练习的组间休息为1~2分钟，不同练习的组间休息为60~90秒。
训练负荷：为了满足大部分的训练目标要求，选择可以让你进行4~16次重复动作的训练负荷。分别对应你负荷最大值的90%~60%。
训练重复次数：取决于所选择的训练负荷，每组练习重复4~16次。
训练进阶：如果连续两次练习你都可以完成既定的重复次数，那么就要增加5%的训练负荷。
从低负荷高重复次数到高负荷低重复次数，然后以此类推。可以通过增加练习组数或者增加指定肌肉或肌群的训练项目来提升自己的训练效果。
训练效果：每一组训练都达到瞬间肌肉疲劳，从而获取最大的训练效果，通过增加更多的训练组数来提高训练的挑战性。
训练技巧的因素
运动速度：按照从慢到中等速度有条不紊地进行力量训练。给练习者一个好建议，每次动作重复要用4~6秒的时间（起身用2~3秒，落下用2~3秒）。
运动范围：可能的话，每组练习都要让关节充分运动，也就是从肌肉完全伸展到肌肉完全收缩的过程。
呼吸方式：每次重复动作时要持续呼吸，在最困难的动作（上举、推、拉）时呼气，做轻松（下落和反弹）的动作时吸气。
训练项目的组织
力量训练和有氧运动的顺序：按照个人喜好来排列力量训练和有氧运动的顺序。
热身与放松：在力量训练前进行5~10分钟的热身运动，逐渐达到从休息到运动状态的过渡。训练结束后要有5~10分钟的放松活动。

第4章

力量训练器械

　　本书介绍的训练项目所使用的力量训练器械只是众多器械中的一部分。因为训练器械种类繁多，既有家用器械，也有健身房专业器械，所以本章主要介绍一些常用的抗阻器械，以便大家进行安全、有效的力量训练。本章介绍了评估自由重量器械、固定器械、阻力带和健身球等器械的注意事项，还给出了一份检查表，可帮助人们评估训练器械的安全性和功能性。

自由重量器械

　　与阻力带不同，自由重量器械价格最低，功能也最为多样化，如哑铃、杠铃和壶铃等。自由重量器械不占空间，而且练习者可利用这些器械完成数百种练习。由于这类器械不受运动模式的限制，因此可以让练习者的关节得到全方位的锻炼，从而增加身体的柔韧性、改善全身肌肉的协调性。以上优势正是自由重量器械受到普遍欢迎的原因。

　　如果选择自由重量训练，那么让我们来看看这种训练所需要的基本器械。一般来说，这种训练需要一套哑铃、一个杠铃、有支撑的长椅，有时可能还需要一些壶铃。

哑铃

　　哑铃具有可调节性，增加哑铃杆两端的哑铃片并用锁加以固定，就可以帮助人们达到所需的训练负荷。务必确保哑铃杆两端使用的锁可以轻松拧紧和松开，这样才可以用它们把哑铃片固定在哑铃上。

　　购买锁销之前，要确定需要多大力气才能把它们拧紧和松开。然后，哑铃杆倾斜到45度时，检查一下哑铃片是否还能固定在哑铃杆上。可以要求销售人员取一个比较轻的哑铃，然后看它的哑铃片是否能固定在哑铃杆的两端。如果没有足够的握力可以轻松地拧紧或松开一种锁销，或者当哑铃杆倾斜的时候哑铃片滑落下来，都证明锁销不合适，还需要寻找其他锁销。

如果愿意多花点钱，那么这种不可调节重量或固定重量的哑铃要比可调节重量的哑铃（参见图4.1）方便得多。因为不用在训练中拆下或安装哑铃片，固定哑铃更有利于训练效率的提升。这类哑铃的弊端在于如果想在训练过程中使用不同的训练重量，且你极有可能会这么做，那么就需要购买很多相应重量的固定哑铃。

图4.1 固定哑铃

购买两个可调节哑铃和基本哑铃套装表格中所列的哑铃片是更为经济的选择，而且可以帮助你完成第9章~第11章中所有需要做的项目练习。两个哑铃加上75磅哑铃片可以提供从2~39.5磅这个范围内15种不同的哑铃重量选择，哑铃杆裸重2磅，总价约为80美元（所有价格以美元计算）。需要注意以上所列的值都是近似值，因为没有与英制单位准确对应的公制单位。例如，1.25磅的哑铃片换算成公制单位约为0.5千克，但其实0.5千克只能约等于1.1磅。而没有与1.25磅相对应的公制单位。以下所列器械可以满足进行哑铃训练的需求。

基本哑铃套装

一套可调节的哑铃套装包括（如果按照公制单位计算，可以参考括号内的数值）：

- 2个带锁销的哑铃杆。
- 4个不同重量的哑铃片：
  - 10磅（4.5千克）哑铃片；
  - 5磅（2千克）哑铃片；
  - 2.5磅（1千克）哑铃片；
  - 1.25磅（0.5千克）哑铃片。

杠铃

你选择进行训练的杠铃长度应是1.5~1.8米，除非你更喜欢使用奥运会专用杠铃，那种杠铃长度为2米，杠铃片两端嵌有卡箍。跟哑铃一样，杠铃使用起来也很方便，但同样要注意两端锁销的安全性。因此，在选择杠铃两端的锁销时，可以参照关于选择哑铃锁销的方便性与安全性原则。以下方框具体列举了100磅基本杠铃组合套装所包括的不同重量的杠铃片。大部分杠铃片裸重为11.4~13.6千克。如果给这个套装再增加两个0.5千克的杠铃片，那么这个组合将可以提供更多的重量选择。一组能够提供16种重量组合的杠铃杆和杠铃片的价格约为100美元。

基本杠铃套装

一套可以调节的基本杠铃套装包括（如果按照公制单位计算，可以参考括号内的数值）：

- 一个长5~6英尺（1.5~1.8米）的杠铃杆，含锁销。
- 4个杠铃片：
  - 10磅（4.5千克）杠铃片；
  - 5磅（2.5千克）杠铃片；
  - 2.5磅（1千克）杠铃片；
  - 1.25磅（0.5千克）杠铃片。

壶铃

壶铃就像一个顶部带有把手的铸铁球（像炮弹一样）（参见图4.2）。它可以仅有9磅，也可以重达100磅。与哑铃不同，壶铃的重量分布并不均匀，需要发挥肌肉更大的力量以保持身体平衡。你可以用壶铃做基本的练习，如俯身划船和前蹲（参见第7章）。壶铃训练的优势之一是可以让练习者同时训练多个肌群，需要肌群之间互相合作，因此可以改善全身肌肉的协调性。壶铃训练还是一种绝佳的全身锻炼方式。

图4.2 标准壶铃

举重椅

举重椅一般有两种：带支架和不带支架的。无论练习前还是练习后，支架都是放置杠铃的安全处所。平板椅没有支架（参见图4.3a），而举重练习凳有支架（参见图4.3b）。无论是躺还是坐，这两种练习椅都可以帮助你进行胸部、臂部和肩部的训练。如果想进行第9章~第11章中的负重训练，那么你就需要一个举重练习凳，在上面用杠铃做推胸练习。如果用哑铃做基本的自由重量练习，那么平板椅是一个不错的选择。

如果愿意再多花一些钱，可以购买一张斜板椅，如图4.3c所示，它可以调整多个角度。因为斜板椅背垫的位置可以移动到多个位置，因此对于推举练习来说，称得上是功能最为多样化的训练椅。

图4.3 举重椅：（a）平板椅；（b）带支架的举重练习凳；（c）斜板椅

某些针对腿部（如深蹲）、肩部（如肩上推举）和手臂后部（如仰卧臂屈伸）的练习，需要一个甚至更多的保护者以保证你在训练过程中的安全。图4.4中所示的挂片式深蹲架，可以在让你在没有保护者的情况下安全训练。所以如果你的训练计划中涵盖类似的练习，而且不需要别人在旁保护的话，那么一定要选择带有安全杆的深蹲架。

自由重量器械费用

第9章~第11章所提到的自由重量训练所需的器械及其费用都将列在本章下文的"基本器械和可选器械的费用"中。如第41页所示，书中自由重量训练项目所需哑铃和训练椅的费用大约是200美元，另外自由重量练习所需训练器械

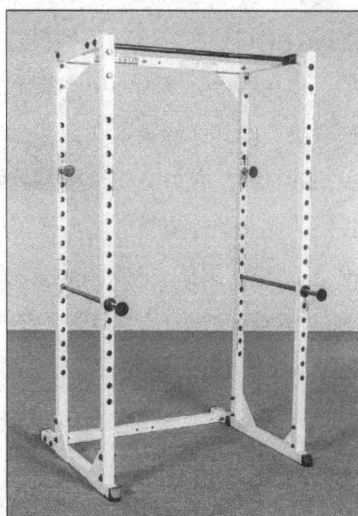

图4.4 挂片式深蹲架

的费用为680美元。购买这类器械可以让你以相对较低的初始投入在家中进行多种训练项目。相比较而言，高质量、方便且多功能的力量训练器械则要花费1,500~2,500美元。

自由重量器械的安全性

如果决定购买自由重量器械进行训练，一定要参照"自由重量器械安全检查表"，这样才能在训练中达到最理想的效果。经常检查训练器械永远是确保训练安全与有效的最好方法。

自由重量器械安全检查表

- 杠铃杆两端的重量要均衡。
- 检查锁销是否拧紧，确保安全。
- 将杠铃片存放在合适的地方，以免绊倒他人。
- 一定要将训练椅固定好。
- 将哑铃和杠铃从地板提升到架子上，一定要依靠双腿的腿部力量而不是背部力量。

训练中的保护者

有些自由重量练习，如杠铃卧推、杠铃深蹲、仰卧臂屈伸和杠铃提踵等，会因为这些练习中杠铃的放置和运动模式等因素，增加练习者在练习中受伤的风险。举个例子，如果你在杠铃卧推练习中不能完成最后一次重复动作，无法把杠铃放回原处，那么杠铃很可能会砸到你的胸部和面部，从而导致受伤。保护者可以在开始练习时帮助你从支架上抬起杠铃，在训练中给予你鼓励，当你在训练中失去控制或失去平衡时接住杠铃或哑铃，从而保护你免受伤害。使用杠铃或哑铃进行自由重量训练时，举过头顶（例如站姿推举）、举过面部（例如卧推、仰卧臂屈伸）、举过后背（例如深蹲、提踵），有一个保护者在旁边进行保护是非常有必要的。类似这种或其他需要保护者的练习在第7章中会有所提及。

基本器械和可选器械的费用

从经济便宜的阻力带到昂贵的专业器械，都可以作为人们进行力量训练的训练器械。为方便起见，以下列举的是前文提到过的哑铃和杠铃等训练器械的大概费用，还有壶铃和阻力带的相关训练事宜。

基本器械

第9章~第11章训练计划所需器械如下：

2个重量为75磅带锁销的可调节哑铃80美元

1个平板椅130美元

总价210美元

1个带锁销长度为5英尺的杠铃；重量为25磅和75磅的杠铃片100美元

1个举重练习凳（带支架）160美元

1个挂片式深蹲架420美元

总价680美元

壶铃

如果把壶铃加入训练计划，那么你需要如下器械：

以下重量的壶铃各1个：15磅、20磅、25磅、30磅、35磅（相对应的公制单位重量为：8千克、10千克、12千克、14千克、16千克）

总价125美元

可选器械

1套设定（固定）重量哑铃（每对哑铃重量分别为5磅、10磅、15磅、20磅、25磅，换算成公制单位分别为2.5千克、4.5千克、7千克、10千克、12千克）140美元

1个可调节的训练椅（可替代其他训练椅）160美元

总价300美元

配重片器械

力量训练在男女之间都广受欢迎，现在美国参加力量训练的人已超过6,000万，从而带动了力量训练相关器械的快速发展。固定器械训练方便且安全，配重片更换起来非常方便快捷，运动模式是既定的。这一切都让固定器械训练实施起来比自由重量训练简单许多。固定器械还可以给人体提供支撑，有些运动模式可以在运动过程中自动调节器械

阻力，使之与人体力量水平相匹配。

如果平衡能力不好，或者训练开始时力量水平较低，可以使用固定器械进行训练。在固定器械上所做的练习大多可以采用坐姿训练，这种训练通常都有背部支撑，或者仰面躺着（参见图4.5）。在进行固定器械训练时，练习者一般不易受伤，而且这些训练模式会让肌肉训练越来越有针对性。另外，练习者不用担心把杠铃、哑铃、壶铃或配重片砸到身上。如果你的平衡能力足够好，而且力量水平足够高的话，可以考虑使用自由重量器械进行训练，也可以进行第10章、第11章中介绍的高级训练。这两种器械都可以帮助练习者大幅度提升个人力量。

图4.5 坐姿训练可以在器械上进行更多训练项目

器械特点

精心设计的固定器械可以通过凸轮或其他装置来延长（参见图4.6a）或缩短（参见图4.6b）枢轴点和用力点的距离，即支点距离，从而能够相对持续地施力于肌肉。凸轮或类似装置的这种设计能够让练习者在进行最难项目时，使用最短支点距离；而进行最容易项目时，使用最长支点距离。因此，凸轮的形状要与练习中肌肉的强度曲线（系列动作中的力量变化）保持一致。这样的话，无论从任何一个角度锻炼肌肉，它都可以产生一个与之近似的对抗力，而且在每一次重复动作过程中都能保持力量的持续性。

自由重量训练与杠杆率变化有关，有些位置的练习产生的抗阻力较大，有些练习产生的抗阻力较小。精心设计的固定器械都会尽量与个人肌肉力量相符，让练习者可以收缩肌肉以到达最具挑战性的位置，也就是最困难的动作。购买训练器械时，要牢记带有弹性阻力的器械可能并不能有效改善你肌肉的不同能力，比如电视广告里经常提到的那些，但是与带有凸轮和配重片的固定器械（如图4.5中展示的）相比，它们的优点是便于移动、储存，而且价格低廉。

如果你更喜欢在家中使用固定器械进行训练，应该考虑以下几点。

- 适用性——练习方法的学习与实施是否简单。
- 用途多样性——可以利用这个器械做多少种练习。
- 简易性——做不同练习时是否容易安装。
- 耐用性——结构质量。

- 便利性——拆装是否方便。
- 口碑——生产厂家在同类产品中的排名，所购买器械的分销商在行业中的排名。
- 价格——训练器械的费用，包括运送和组装。

固定器械的安全性

如果你决定采用某个固定器械训练方案，那么一定要按照以下的"固定器械安全检查表"来使用固定器械进行锻炼，才能获得最佳的训练效果。如果器械存在问题，一定要在使用之前修理完毕。

进行训练时一定要小心谨慎。为了确保训练时身体呈直线，务必要系好座椅固定带。要养成细节无小事的习惯，训练前一定要反复检查。例如，使用固定器械进行训练时，要学习正确的姿势，了解适合每项练习的负重；每组练习之前要反复检查。

固定器械安全检查表

- 检查电线、安全带和滑轮是否磨损；链条是否断裂；以及椅垫是否松了。
- 确定配重片在导杆上滑动顺畅。
- 如有需要适当调节杠杆和座椅。
- 配重片上要加卡箍。
- 保持双手远离链条、安全带、滑轮和凸轮。
- 绝不能把手或手指放在配重片中间。

阻 力 带

使用橡皮或塑料制的阻力带可以代替固定器械和自由重量器械，这种阻力带在延展的时候会产生阻力（参见图4.6）。如果你无法承受健身房会员或者其他力量训练器械的费用，且家里运动空间有限，或者长期在外，那么使用阻力带进行训练则是非常方便实用的选择。阻力带长短不一，手感各异，颜色多样；颜色能够表明阻力带的相应的弹性和阻力大小。很多生产厂家生产阻力带时都使用相同的颜色，用以表明阻力带的厚度（也就是延伸的阻力），黄色表示最细也最易伸展，往后依次是红色、绿色、蓝色、黑色、银色和金色，厚度逐渐增加。使用阻力带时要注意以下几个问题。

1. 要注意旧的、磨损的、裂开的阻力带可能会在练习最关键的时刻断开。

2. 练习前，检查连接在阻力带一端的手柄是否牢靠。

3. 使用球形门拉手或者其他家具固定阻力带的一端时，要确定训练期间没有人会开门，检查阻力带是否结实地固定在家具上，而且训练期间家具不能移动。

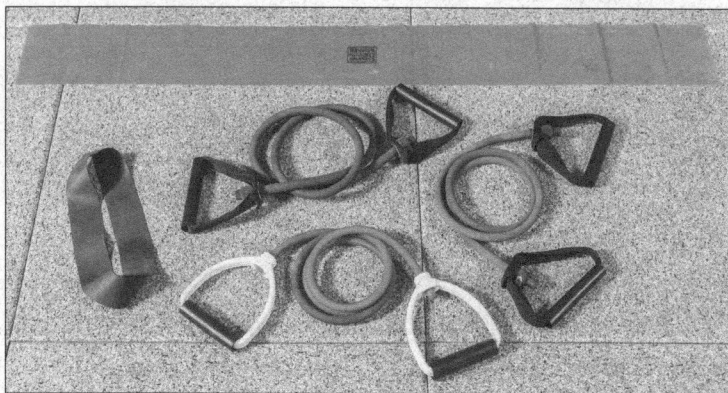

图4.6 各种阻力带

健 身 球

健身球，有时也被称为稳定球、平衡球、瑜伽球或者瑞士球，是一种由软聚氯乙烯和尼龙制成的充气球，直径22~30英寸（55~75厘米）。与站在地板上和坐在椅子上所做的练习相比，使用健身球所做的练习一般会用到更多的核心肌群（腰部、腹部等）。尽管因为训练时健身球不容易固定，因此通常不会产生太大的阻力，但是除了目标肌群，还有用以固定身体所调动的肌群，这就增加了标准训练所影响的肌群范围。用健身球进行训练时要记住以下几点。

1. 确定健身球充气充分（尤其是练习过程中需要球体承载人体重量的时候）。

2. 根据个人身高挑选合适的健身球。坐在健身球上面，脚要能平放于地面上，你的大腿应与地面平行。参考表4.1来选择适合自己的健身球。

表4.1 健身球的选择

个人身高	健身球直径
5英尺1英寸~5英尺7英寸（155~170厘米）	21.6英寸（55厘米）
5英尺8英寸~6英尺1英寸（173~185厘米）	25.5英寸（65厘米）
6英尺2英寸~6英尺7英寸（188~201厘米）	29.5英寸（75厘米）

小　结

使用合适的器械可以增加力量训练的多样性和趣味性，同时也会提升训练的效果。不论选择固定器械、自由重量器械还是其他器械，你都应当慎重考虑它们各自的特点，购买相关器械之前应该咨询资深专业人士。不管选择哪种训练器械，一定要留意本章提到的安全检查表。

第**5**章

学习基本的练习技巧

负重训练并不仅仅是找个杠铃，然后用它练习那么简单。本章将列出一些注意事项，可以帮助你安全地训练，并从训练中获得最佳效果。开始真正的训练之前，你应该先阅读本章内容，了解基本的负重训练技巧。另外，练习前需热身，练习结束后要放松，知晓这些会给每次训练带来极大的好处（具体参见第2章）。

负重训练的基本知识

尽管负重训练的方法有数百种，但是基本规则是相同的：举起或放下杠铃、哑铃、壶铃甚至配重片时，要握紧、稳定身体重心并使用有效的训练技巧。你还必须清楚训练时应如何正确地把握呼吸节奏。

握紧或抓紧杠铃、哑铃、壶铃或阻力带把手

握紧一个哑铃、壶铃或阻力带把手只要考虑一个问题——正握或反握，而抓握杠铃时要考虑两个问题——抓握的方式和抓握间距。

哑铃、壶铃或阻力带把手的两种基本握法是正握（正手）和反握（反手）。用杠铃训练时，则可以使用3种抓握方式：正握、反握和混合握。如图5.1a所示，正手时，掌心向下，手背朝上，拇指相对。反手抓握时（参见图5.1b），掌心向上，手掌反握（手背朝下），拇指相背。交替抓握时（参见图5.1c），一只手反手抓握（掌心向上），另一只手正手抓握（掌心向下）。所以你的拇指指向同一个方向。为了让你更好地理解第6章~第8章中训练的正确抓握方式，本节还介绍了手掌的正确摆放位置（如掌心向上、掌心向下、掌心相对或者掌心相背）。

图5.1中所示的抓握都是窄握，即手指和拇指都抓着杠铃杆或哑铃手柄。宽握有时也被称为半握，意思是当抓握杠铃杆时拇指不弯曲。宽握可能会造成危险，因为杠铃杆很可能

会从手掌滑落下来，然后砸到脸上或脚上从而造成严重伤害。一定要用窄握进行负重训练。

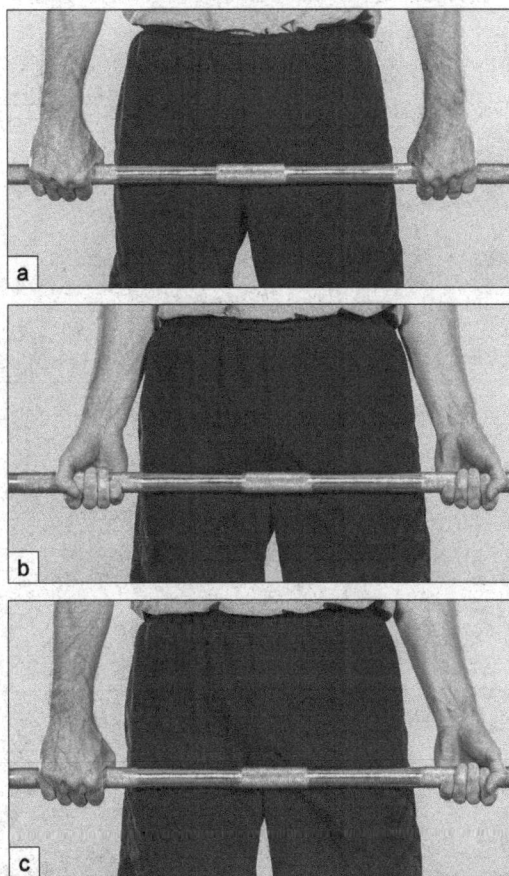

图5.1 抓握方式：（a）正握（正手，掌心向下）；（b）反握（反手，掌心向上）；（c）混合握（交替，掌心向上和掌心向下）

使用杠铃进行训练时，有多种抓握宽度。有些练习中两手间距与肩同宽，两手距离配重片距离相同。有些练习的抓握间距比它窄，跟臀部同宽。其他练习所需的抓握间距则比较宽。图5.2中展示的是各种抓握宽度。阅读第6章~第8章的训练细则时，一定要注意各种不同的抓握方式，同时还要注意第7章各项练习的抓握间距，不正确的手的位置会造成抓握不平衡，从而造成严重的伤害。

将杠铃从地面上举起

使用正确的方式将杠铃（或者任何重量）从地面举起，是保证练习者安全的重要条件。不适当的推举会给颈部、上背、腰部和膝盖带来巨大压力，从而造成严重损伤。借助平衡而安全的支撑点来稳定（巩固）身体位置，对于所有站立式训练都非常重要——尤其是做使用杠铃、哑铃和壶铃等举过头顶的练习或深蹲练习时。以下训练规则与杠铃训练有关，但它们同样适用于其他负重器械训练。

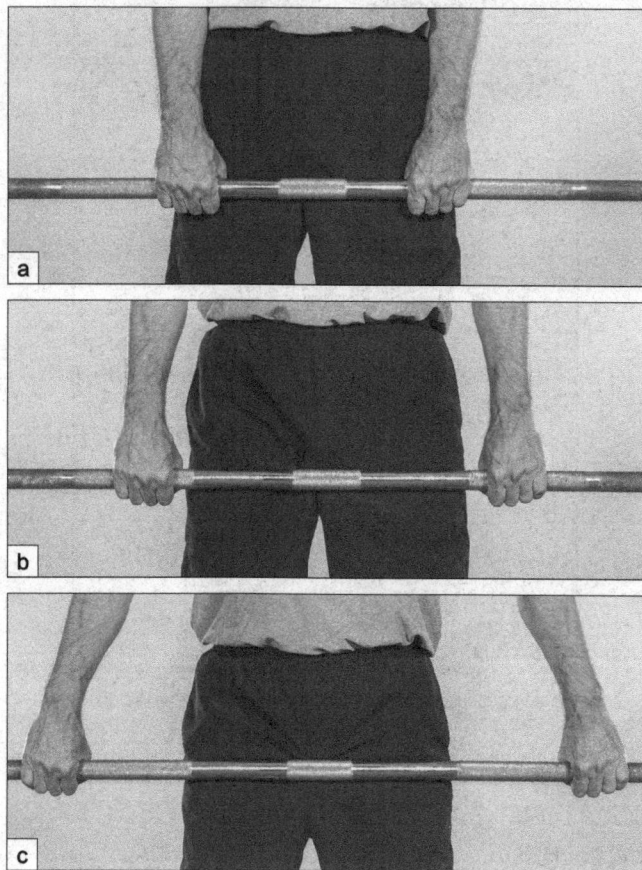

图5.2 抓握间距:（a）窄距;（b）肩宽;（c）宽距

- 双脚平放于地面，打开肩膀，脚尖向前或微微向外。
- 将杠铃置于小腿旁边（或者如果杠铃上没有配重片时，则尽可能地靠近小腿）。
- 屈膝屈髋深蹲（也就是说，不仅仅是弯腰），然后正手窄握杠铃，与肩同宽。
- 将杠铃置于肩部以下，后背平直，双肩后靠，挺胸抬头，双眼直视前方。
- 站立举杠铃，同时要注意始终保持身体靠近杠铃、双腿用力、臀部下压、后背平直，不能弯曲。

图5.3中照片按顺序展示了举杠铃的正确方法。在阅读下面5个步骤之前，先看一下这些图片。

负重的起始姿势（见图5.3a）保持身体稳定，负重时双腿用力，而不是后背，准备举起器械。使用正确的姿势并不像你想的那么简单。当你深蹲时，单脚跟或双脚跟会趋向抬起，这样会使身体前倾，从而使身体达到平衡。记住，你的脚跟不能离开地面！如果有一面镜子，仔细观察自己在起始位置深蹲时的动作。你的背部保持平直了吗？你的脚跟是否同地面保持接触？你应该这样做（见图5.3b）。当你将杠铃、哑铃、配重片或其他任何器械举离地面时，需要记住的最重要的一点是要使用你的腿部肌肉，而不是背部肌肉。

如果需要将杠铃提到肩部，推举过膝盖以后，要继续向上推举（见图5.3c），不能在大腿处停留。站直绷紧腿部和臀部时，臀部应前移（见图5.3d）。

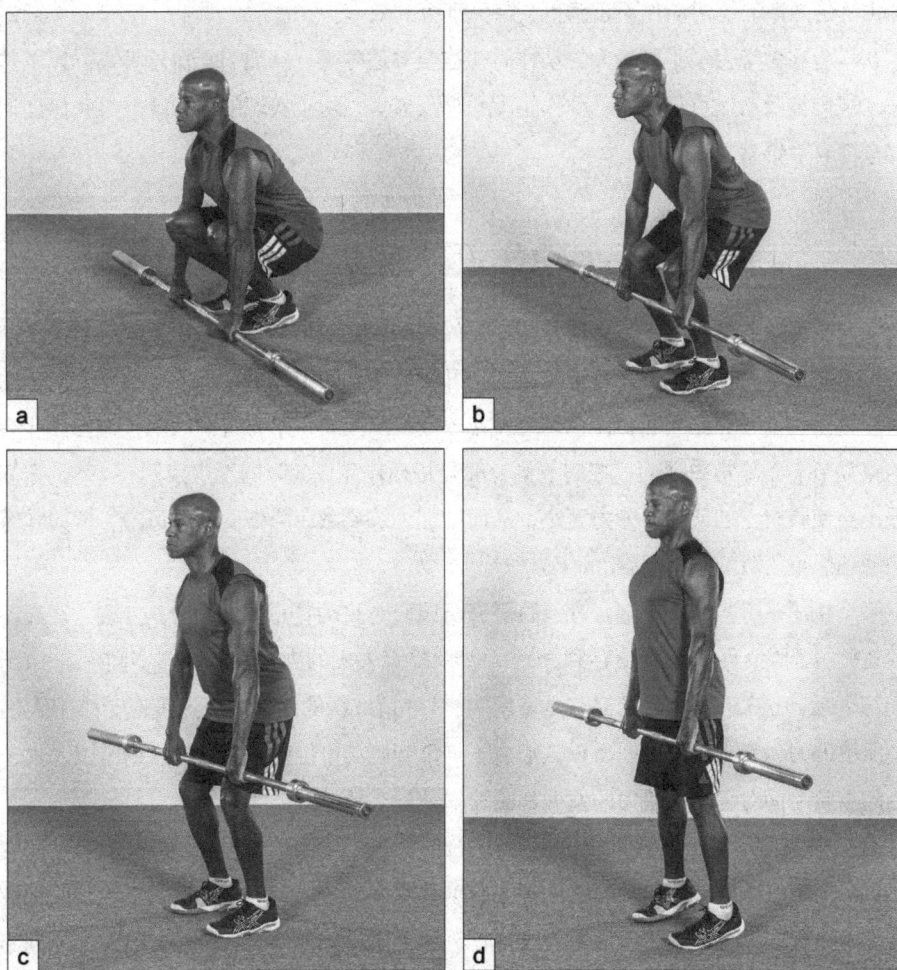

图5.3 将杠铃从地面举起的正确方法：（a）进入起始姿势；（b）使用腿部力量推举杠铃（称为第一次发力）；（c）将杠铃举过膝盖，臀部前移；（d）绷紧直立，将杠铃提升至大腿中部，但并不支撑在这个位置

将杠铃放回地面

把杠铃或其他较重的训练器械放到地面时，记住要让杠铃或其他器械靠近自己的身体，保持后背平直，深蹲时依靠腿部力量将杠铃缓慢放在地面上。如果是从肩部位置放下杠铃，让杠铃的重量带动手臂向下运动，这个动作会将杠铃的重量带到大腿上。向下深蹲到地面前，在大腿中部处短暂停留一下。记住把杠杆放到地面的过程要抬头、平背。你可以根据图5.3的描述进行多种运动，但是要按照相反的顺序做动作。

没有训练经验的练习者会倾向于使用辅助工具做动作，并缩小动作幅度以完成理想的重复动作次数。重复动作时，加快杠铃杠杆或手柄的动作会增加动量和受伤的危险系数，降低训练的效率。练习动作不正确也会降低训练的效率。

初学者在做练习中难度最大的动作时往往会屏住呼吸，从而引起血压升高。以下这三条技术规则涉及动作重复速度、动作幅度和呼吸节奏，对于实现最佳训练效果和保证训练的安全性有重要意义。

动作重复速度

动作重复速度是指每次重复动作时所需的时间。这包括你举起与放下训练负荷（注意举起是指配重片、杠铃、哑铃或壶铃向上提升的动作，而不关乎你身体运动的方向）的总时间。尽管在重复动作期间动作重复速度在一定程度上属于个人喜好问题，但控制所有练习的重复节奏是非常重要的。控制节奏一般是指动作完成的时间至少控制在4秒。重复速度缓慢会使肌肉更加紧张，冲力更小，从而增加训练刺激，降低受伤的风险。但确定练习动作的理想重复时间非常困难。

举个例子，有项针对198名对象的研究，该研究将动作重复时间分成4组，每次动作持续时间分别为4秒、6秒、8秒和14秒，然后检查人们的力量发展有何不同（表5.1）。8周训练之后，这4组人的力量都有显著发展。4~14秒/次的动作重复速度对于改善人们13个主肌群的力量都十分有效。所以就形成了一个明确的可控动作重复速度的范围，这个范围内的重复时间对于人们肌肉的发展都比较安全且有效。

与提升重量相比，将重量放下更能提升肌肉力量。因此，想在放下重量的过程中挑战自己的肌肉极限，你可以放慢你的动作速度。举个例子，有一个经过长期检验的训练方案，即每次练习时，提升的动作持续2~3秒，放下的动作持续2~3秒。书中训练计划中的训练方案举起和放下重量的时间都是2~3秒，因此完成每次动作所需的时间为4~6秒。

表5.1　动作重复速度和肌肉力量提升

训练方案 （8周）	每组重复次数	每组时间	平均负荷增加
4秒/次	10次	40秒	+22磅
6秒/次	10次	60秒	+22磅
8秒/次	10次	80秒	+23磅
14秒/次	5次	70秒	+27磅

停止测试是评估动作重复速度的一种方法。如果在重复动作的过程中，在任意一点都可以停止动作的话，那么你的重复速度就是相对比较合适的。在练习中使用这种测试方法，检验一下重复速度是否合适吧。

动作幅度

我们之所以提到训练应涉及关节的全方位活动，有以下两点原因。其一，研究表明全方位力量训练可增强关节的柔韧性。其二，研究显示全方位练习对于全方位发展肌肉力量非常必要。

大量对于腰部疼痛病人的研究都强调了全方位发展肌肉力量的必要性。研究人员发现腰部肌肉较弱的人比腰部肌肉强壮的更容易罹患腰痛病。他们还判定在躯干弯曲和躯干挺身之间的全方位力量发展过程中，全方位锻炼腰部肌肉是非常必要的。这是一项重要发现，因为全方位提升后背力量的病人中，80%的人腰部疼痛有所减轻。

尽管有些人认为力量训练会降低关节柔韧性，但我们针对50岁以上的高尔夫球手的研究表明，为期8周的全方位力量训练不会缩小他们的动作幅度。事实上，高尔夫球手进行力量训练后，他们的杆头速度和挥杆力量都会有明显提升。

全方位力量训练是指从肌肉伸展到肌肉收缩的训练。注意目标肌群（如肱二头肌）完全收缩时，对抗肌群（如肱三头肌）就会充分伸展，反之亦然。当然，训练时不能超过关节承受的极限，也不能让其在练习过程中有痛感。避免或减少引起关节不适的练习，只在关节舒适的范围内进行训练。

呼吸节奏

无论什么练习，一定不能在力量训练时屏住呼吸。屏住呼吸会导致体内压力过大，从而阻碍血液流通，引起头晕、血压升高。进行每组训练时，都应保持呼吸，防止这些不适症状的产生。在比较困难的提升、推或拉的过程中呼气，在相对比较容易的下放或恢复过程中吸气。

在执行最困难的动作时呼气，而后吸气，这可以帮助练习者保持更加舒适的内压。因为保持呼吸是保证力量训练安全的关键因素，因此每组动作都要保持适当的呼吸节奏。

小　结

本章论述和阐释的抓握方式可以帮助你正确实施第6章~第8章中提到的训练项目。举起和放下重量的技巧将会帮助你避免腰部损伤。文中推荐的动作重复速度和动作幅度对于以下章节训练项目的安全实施以及实现最佳训练效果都十分重要。练习时使用正确的呼吸节奏可以避免练习者晕眩或晕倒，这是保证安全训练的必要技巧。

第**6**章

固定器械练习

在第1章~第4章中，你已经了解了力量训练的益处，如何评估现在的力量训练水平，本书有哪些训练计划适合你，训练成功的关键，以及适合训练的器械。第5章介绍了抓握、姿态与身体位置、移动速度和呼吸方法，所有这些都可以应用到本章介绍的26种器械练习中。

回顾本章中介绍的固定器械练习，以及第7章和第8章的自由重量练习以及自重、阻力带和健身球练习，你会注意到有些训练属于旋转运动模式。这就是说，这些训练从本质上说是环形运动。像坐姿腿屈伸和杠铃屈臂这样的旋转运动有一个单关节运动，而它通常由一块或两块主肌群所产生。举个例子，坐姿腿屈伸训练可以锻炼股四头肌，并激活膝关节。同样，杠铃屈臂训练可以锻炼肱二头肌，并激活肘关节。

有的训练是线性运动模式。这种训练从本质上说是直线式的。像坐姿蹬腿和卧推这样的线性运动一般有多个关节运动，并且通常由两块或两块以上的主肌群产生力量。举个例子，坐姿蹬腿训练可以锻炼股四头肌、腘绳肌和臀肌，并激活膝关节和髋关节。同样，卧推训练可以锻炼胸大肌、三角肌前束和肱三头肌，并激活肩关节和肘关节。我们认为一项综合力量训练计划应该包括旋转训练和线性训练，这样才能最大限度地促进全身肌肉发展。

腿部练习

坐姿腿屈伸

股四头肌

起始姿势

1. 调节座椅，从而使膝关节与器材旋转轴处于一条直线上。

2. 后背紧靠椅背。

3. 将脚踝置于滚垫之下，膝关节弯曲约90度。

4. 握紧手柄。

向上运动

1. 将滚垫缓慢上推，直到膝关节伸展。

2. 向上运动时呼气。

向下运动

1. 将滚垫放回起始位置。

2. 向下运动时吸气。

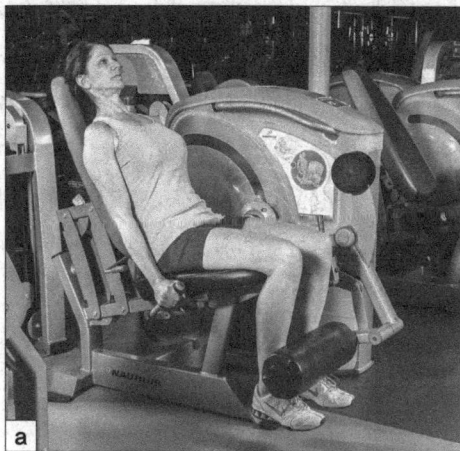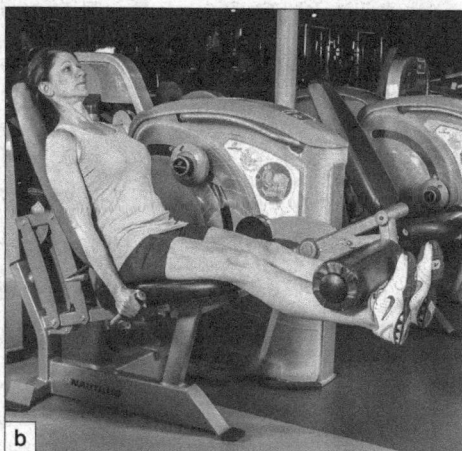

腿部练习

卧式腿弯举

腘绳肌

起始姿势

1. 脸朝下躺在训练椅上,头与躯干在一条直线上。

2. 将脚踝置于滚垫之下,膝盖与器材旋转轴呈一条直线。

3. 紧握手柄。

向上运动

1. 将滚垫缓慢举起,直到膝关节完全弯曲。

2. 举起时呼气。

向下运动

1. 缓慢将滚垫放回起始位置。

2. 放下时吸气。

腿部练习

坐姿蹬腿
股四头肌、腘绳肌、臀肌

起始姿势

1. 调节座椅，从而使膝关节弯曲约90度。

2. 坐时将后背紧靠椅背。

3. 将双脚平放在踏板上，双脚与膝盖呈一条直线。

4. 紧握手柄。

向前运动

1. 将踏板缓慢推出，直到膝关节几乎完全伸展，但动作不能僵硬。

2. 保持双脚、膝盖和臀部在一条直线上。

3. 推出时呼气。

向后运动

1. 将踏板缓慢放回起始位置。

2. 放回踏板时吸气。

腿部练习

腿部练习

坐姿髋内收

髋内收肌

起始姿势

1. 坐时将后背紧靠椅垫。

2. 将双腿放于运动垫外侧，双脚放在支撑板上。

3. 调节运动杠杆到起始位置，双腿分开至舒适位置。

4. 紧握手柄。

向内运动

1. 将运动垫缓慢合拢。

2. 合拢时呼气。

向外运动

1. 将运动垫缓慢还原到起始位置，双腿分开。

2. 还原时吸气。

腿部练习

坐姿髋外展

髋外展肌

起始姿势

1. 坐时将后背紧靠椅垫。

2. 将双腿置于运动垫内侧，双腿并拢，双脚放在支撑板上。

3. 紧握手柄。

向外运动

1. 在尽可能舒适的状态下，将运动垫向两侧缓慢推开。

2. 推开时呼气。

向内运动

1. 将运动垫缓慢还原到起始位置，双腿并拢。

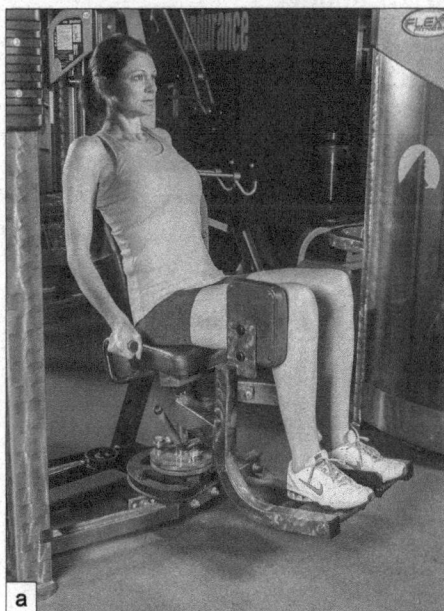

2. 还原时吸气。

腿部练习

提踵

腓肠肌、比目鱼肌

起始姿势

1. 将阻力带放好并固定好。

2. 前脚掌着力站于台阶后部边缘。

3. 将双手放于支撑杆上。

4. 在尽量舒适的情况下，将脚跟置于台阶外。

向上运动

1. 以脚尖为着力点，缓慢提起脚跟，越高越好。

2. 向上提起时呼气。

向下运动

1. 缓慢还原到起始位置。

2. 还原时吸气。

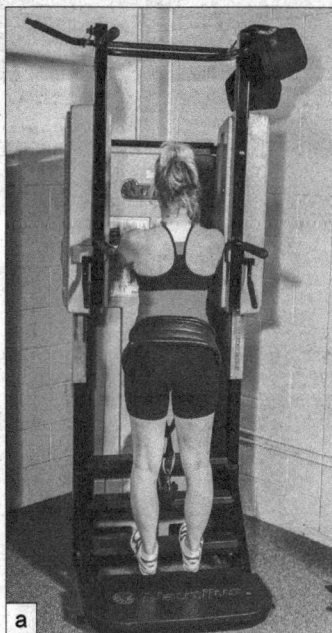 

核心肌群练习

下背伸展

竖脊肌

起始姿势

1. 紧靠椅背坐好，调节踏板以使膝盖略高于臀部。

2. 如果可以的话，用安全带将大腿和臀部固定好。

3. 双臂抱胸。

4. 将后背上部紧靠垫子，躯干前倾。

向后运动

1. 将后背上部推向椅背，直到身体完全伸展。

2. 头与躯干呈一条直线。

3. 伸展身体时呼气。

向前运动

1. 将踏板缓慢还原到初始位置。

2. 还原时吸气。

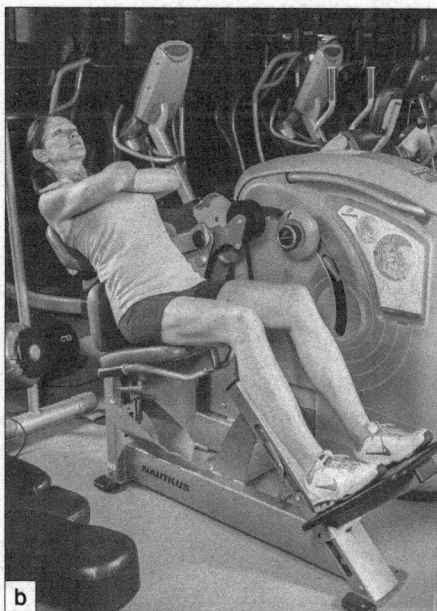

核心肌群练习

腹部屈曲
腹直肌

起始姿势

1. 调节座椅以使肚脐与器材旋转轴呈一条直线。

2. 固定安全带。

3. 将后背上部紧靠背垫。

4. 将肘部置于臂垫上，双手握住手柄。

向前运动

1. 缓慢将臂垫向下压，收缩腹部肌肉直到身体完全弯曲（尽力收紧腹部肌肉）。

2. 保持后背上部一直紧贴背垫。

3. 向前运动时呼气。

向后运动

1. 缓慢将臂垫还原到起始位置。

2. 还原时吸气。

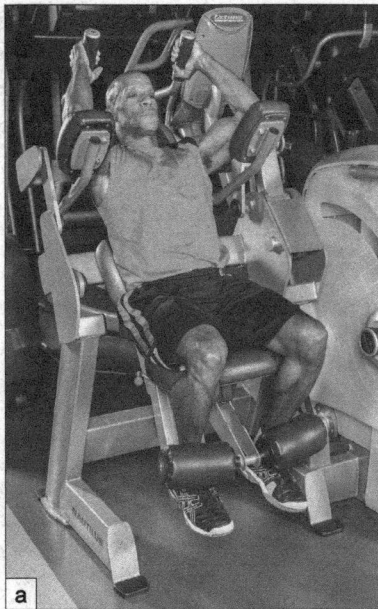

核心肌群练习

躯干旋转

腹直肌、腹外斜肌、腹内斜肌

起始姿势

1. 坐时后背一直靠在椅子上，面朝前，身体直立。

2. 将左臂上部放于臂垫后侧，右臂上部与之相反（放在臂垫前侧）。

旋转运动

1. 缓慢将身体向右旋转45度。

2. 旋转时呼气。

还原运动

1. 将躯干缓慢还原至初始位置（面朝前）。

2. 还原时吸气。

3. 更换手臂位置，用左臂再做一次练习。

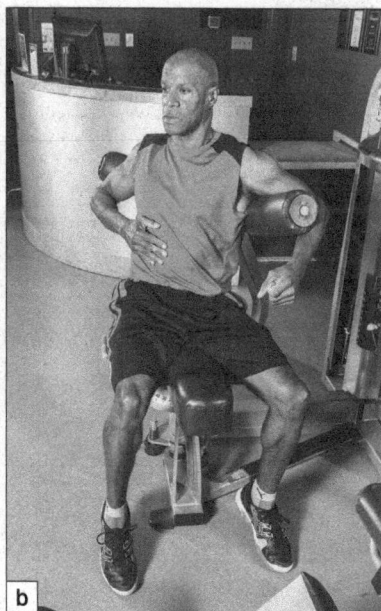

胸部练习

坐姿夹胸
胸大肌、三角肌前束

起始姿势

1. 调节座椅，使肩与器材旋转轴在一条直线上，上臂与地面平行。

2. 坐时头部、肩部和后背紧靠椅背。

3. 将前臂放于臂垫上，手握手柄。

向前运动

1. 将臂垫缓慢合拢，前臂用力要大于手部用力。

2. 保持腰部挺直。

3. 合拢时呼气。

向后运动

1. 将臂垫缓慢还原到初始位置。

2. 还原时吸气。

胸部练习

坐姿推胸
胸大肌、三角肌前束、肱三头肌

起始姿势

1. 调节座椅，使手柄与胸部齐平。

2. 坐时头部、肩部和背部紧靠椅背。

3. 紧握手柄，拳眼相对。

向前运动

1. 缓慢将手柄推向前，直到手臂完全伸展开。

2. 保持腰部挺直。

3. 向前推时呼气。

向后运动

1. 缓慢将手柄还原到初始位置。

2. 还原时吸气。

 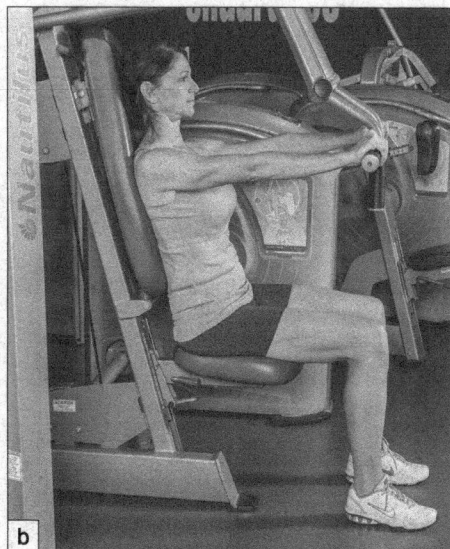

胸部练习

上斜卧推

胸大肌、三角肌前束、肱三头肌

起始姿势

1. 调节座椅，使手柄置于颌部以下。

2. 坐时头部、肩部和背部紧靠椅垫。

3. 紧握手柄，拳眼相对。

向上运动

1. 缓慢将双手向上推举，直到双臂完全伸展开。

2. 保持腰部挺直。

3. 上推时呼气。

向下运动

1. 将手柄缓慢还原至初始位置。

2. 向下运动时吸气。

肩部练习

侧平举

三角肌

起始姿势

1. 调节座椅，使双臂与器材旋转轴齐平。

2. 坐时头部、臂部和背部紧靠椅垫。

3. 将手臂靠在臂垫上，双手握住手柄，双臂紧贴身体两侧。

向上运动

1. 将臂垫缓慢上推，给臂部施压，其压力要大于给手部的压力。

2. 保持腰部挺直。

3. 当双臂与地面平行时，停止上推动作。

4. 上推时呼气。

向下运动

1. 将臂垫缓慢还原至初始位置。

2. 还原时吸气。

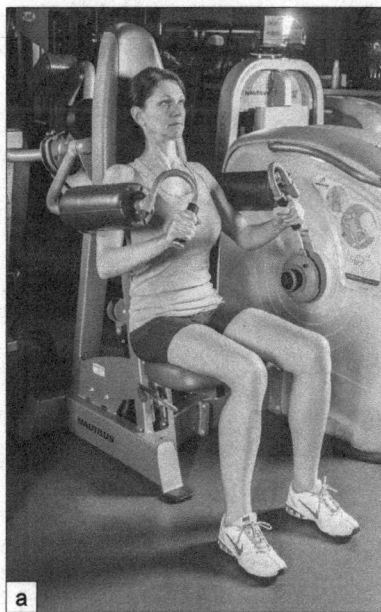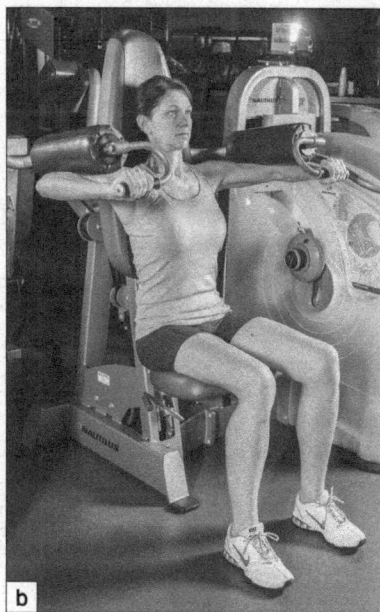

肩部练习

肩上推举

三角肌、肱三头肌、上斜方肌

起始姿势

1. 调节座椅，手柄置于颌部以下。

2. 坐时头部、肩部和背部紧靠椅垫。

3. 紧握手柄，拳眼相对。

向上运动

1. 将双手缓慢上推，直至双臂完全伸展开。

2. 保持腰部挺直。

3. 上推时呼气。

向下运动

1. 缓慢将手柄还原至初始位置。

2. 还原时吸气。

肩部练习

上背部练习

屈臂下拉

背阔肌

起始姿势

1. 调节座椅，使臂部与器材旋转轴成一条线。

2. 坐时后背紧靠椅垫，系好安全带。

3. 将双脚置于踏板操纵杆上，向前压使臂垫达到靠近面部的初始位置。

4. 将双臂抵在臂垫上，双手放在支架上。

5. 放开踏板。

向下运动

1. 在肘部带动下将臂垫缓慢下放，直到支架触碰到身体。

2. 保持腰部挺直。

3. 下放时背部略呈弧形。

4. 下放时呼气。

向上运动

1. 将臂垫缓慢还原至初始位置。

2. 还原时吸气。

✚ 注意：完成最后一次动作后，将双脚置于踏板操纵杆上，向前推以拖起配重片，将双臂从臂垫移开，缓慢将配重片放下。

上背部练习

上背部练习

拉力器下拉

背阔肌、肱二头肌

起始姿势

1. 将大腿置于控制垫以下，保持上身挺直。

2. 紧握手柄，双臂充分伸展，举过头顶。

向下运动

1. 缓慢将手柄向下拉低到颌部以下。

2. 下拉时呼气。

向上运动

1. 双臂完全伸展，缓慢还原至初始位置。

2. 还原时吸气。

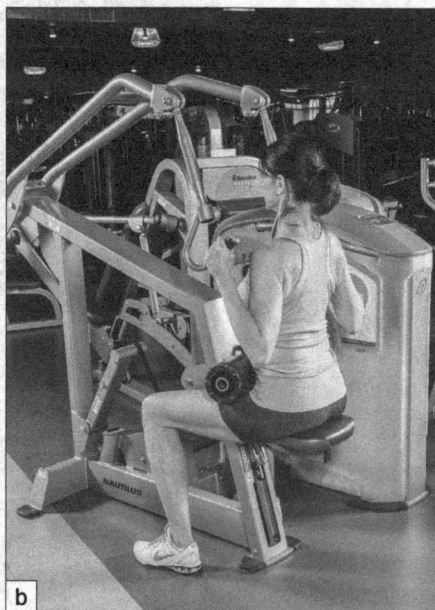

上背部练习

坐姿划船

背阔肌、肱二头肌

起始姿势

1. 调节座椅，使手柄与肩同高。

2. 坐时胸紧贴胸垫，上身挺直。

3. 将双脚平放于地面，或者器材上的踏板上。

4. 双臂完全伸展，双手紧握手柄。

向后运动

1. 缓慢将手柄拉回胸部。

2. 保持腰部挺直。

3. 拉回时呼气。

向前运动

1. 将手柄缓慢还原，直至手臂完全伸展。

2. 还原时吸气。

上背部练习

助力引体向上
背阔肌、肱二头肌

起始姿势

1. 使用平台助力式引体向上设备时，增加训练负荷会让这个训练变得更加轻松，因为增加的负荷可以帮助你平衡自身体重。

2. 爬上台阶，反握引体向上杆。

3. 将膝盖放于平台上，然后下降，直到手臂完全伸展开。

向上运动

1. 将身体向上拉，直到下巴高于引体向上杆。

2. 保持腰部挺直。

3. 保持后背挺直。

4. 上拉时呼气。

向下运动

1. 缓慢还原至初始位置，直至手臂完全伸展开。

2. 还原时吸气。

上背部练习

划船

背阔肌、肱二头肌、三角肌后束、菱形肌、中斜方肌

起始姿势

1. 调节座椅，当手臂与地面平行滑动时，使手臂上部碰触到运动垫的中心位置。

2. 坐时头部、肩部和后背紧靠椅垫，双脚放在踏杆上。

向后运动

1. 将运动垫尽可能地向后推，保持上身直立。

2. 向后运动时呼气。

向前运动

1. 将运动垫缓慢还原至初始位置。

2. 还原时吸气。

胸部和手臂后部练习

助力臂屈伸

胸大肌、肱三头肌

起始姿势

1. 使用平台助力式臂屈伸设备时，增加负荷会让训练变得更轻松，因为增加的负荷会平衡你的体重。

2. 爬上台阶，双手握住双杠。

3. 将膝盖放在平台上，然后下降，直至肘部弯曲至90度。

向上运动

1. 将身体缓慢上推，直至双臂完全伸展开。

2. 保持腰部挺直。

3. 保持背部挺直。

4. 上推时呼气。

向下运动

1. 缓慢还原至初始位置，直至肘部弯曲至90度。

2. 还原时吸气。

手臂练习

双臂弯举

肱二头肌

起始姿势

1. 调节座椅，使肘部与器材旋转轴齐平。

2. 反握手柄，肘部轻微弯曲。

3. 坐时头部保持中立，上身挺直。

向上运动

1. 手握手柄缓慢向上弯曲，直至肘部完全弯曲。

2. 保持腰部挺直。

3. 上举时呼气。

向下运动

1. 将手柄缓慢还原至初始位置。

2. 还原时吸气。

手臂练习

头后臂屈伸

肱三头肌

起始姿势

1. 调节座椅，使肘部与器材旋转轴齐平。

2. 坐时后背紧贴椅垫。

3. 双手握住手柄，将手垫靠近肩部。

向前运动

1. 将手柄缓慢前推，直至手臂完全伸展开。

2. 保持腰部挺直。

3. 前推时呼气。

向后运动

1. 将手柄缓慢还原至初始位置。

2. 还原时吸气。

手臂练习

屈臂下压

肱三头肌、胸大肌、三角肌前束

起始姿势

1. 调节座椅，当双手握紧手柄时，肘部呈90度。

2. 坐时上身挺直，双手位于肩后并紧握手柄。

3. 系好安全带。

向下运动

1. 将手柄向下推，直至手臂完全伸展开。

2. 保持腰部挺直。

3. 下推时呼气。

向上运动

1. 将手柄缓慢还原至初始位置。

2. 还原时吸气。

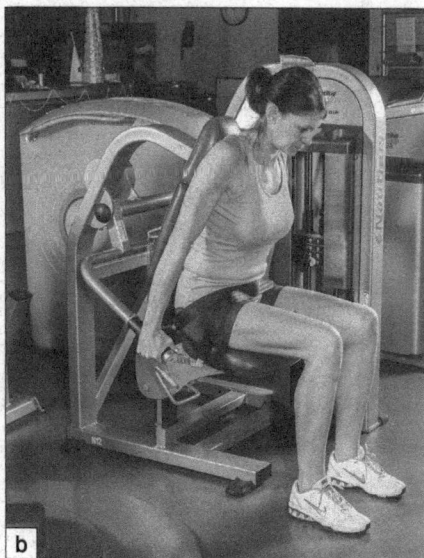

手臂练习

拉力器屈臂下拉

肱三头肌

起始姿势

1. 身体保持直立，双脚分开与髋同宽，膝关节微屈。

2. 反手握住拉力绳。

3. 将拉力绳下拉，直至上臂与地面垂直。

向下运动

1. 将拉力绳下拉，直至手臂完全伸展开。

2. 下拉时呼气。

向上运动

1. 将拉力绳缓慢还原至初始位置。

2. 还原时吸气。

注意：防止向上运动时拉力绳突然松脱。

颈部练习

颈部伸展
颈伸肌群

起始姿势

1. 调节座椅，使头后部舒适地抵住椅垫。

2. 调节躯干垫，呈直立状。

3. 将头后部抵住头垫，头部轻微向前。

4. 紧握手柄。

向后运动

1. 将头垫缓慢后推，直至颈部舒适地伸展开。

2. 保持上身挺直。

3. 后推时呼气。

向前运动

1. 将头垫缓慢还原至初始位置，头部轻微向前。

2. 还原时吸气。

颈部练习

颈部前屈

颈屈肌群

起始姿势

1. 调节座椅，在舒适的状态下将面部抵住头垫，鼻子与横杆平行。

2. 调节躯干垫至直立状态。

3. 将前额与脸颊抵住头垫，头部轻微后仰。

4. 紧握手柄。

向前运动

1. 将头垫缓慢推向前，直至颈部完全伸展开。

2. 保持上身挺直。

3. 向前推时呼气。

向后运动

1. 将头垫缓慢还原至初始位置，头部轻微后仰。

2. 还原时吸气。

第 **7** 章

自由重量练习

　　第1章~第4章主要阐述了力量训练的诸多益处，如何评估现在的力量训练水平，本书有哪些训练计划适合你，成功训练的关键，以及适合训练的器械。第5章介绍了与训练相关的抓握、站姿和身姿、运动速度和呼吸方法。本章将介绍的34个杠铃、哑铃和壶铃练习也会用到这些技巧。此外，需要保护者协助的练习也给了特殊说明。

　　回顾本章中的练习以及第6章和第8章中的固定器械练习以及自重、阻力带和健身球练习，你会注意到有些练习属于旋转运动模式。更确切地说，这些练习从本质上是环形运动模式。旋转运动一般是由一个或两个主要肌群参与产生的单关节运动，如坐姿腿屈伸和杠铃屈臂。举个例子，坐姿腿屈伸练习主要锻炼股四头肌，并激活膝关节。而杠铃屈臂练习主要锻炼肱二头肌，并激活肘关节。

　　有的训练是线性运动模式。更确切地说，这种训练从本质上说是直线式的。线性运动一般是指由两个或两个以上的主肌群引起的多关节运动，如坐姿蹬腿和卧推。举个例子，坐姿蹬腿可以锻炼股四头肌、腘绳肌和臀肌，并激活膝关节和髋关节。同样，卧推训练可以锻炼胸大肌、三角肌前束和肱三头肌，并激活肩关节和肘关节。我们认为一项综合力量训练计划应该包括旋转训练和线性训练，这样才能最大限度地促进全身肌肉发展。

腿部练习

深蹲：壶铃或哑铃
股四头肌、腘绳肌、臀肌

起始姿势

1. 紧握壶铃或哑铃，肘部伸直，身体直立，双脚平行分开与髋同宽。

2. 将壶铃或哑铃置于大腿外侧，掌心朝向大腿外侧。

向下运动

1. 头抬起，直视前方，肩向后伸，挺直躯干，在上下运动过程中身体重心始终放在脚上。

2. 慢慢深蹲下去，直至大腿与地面平行。

3. 深蹲过程中吸气。

＋ 注意：如果无法保持平衡，可以将后背上部和臀部倚在墙上（也就是沿着墙面上下滑动）。膝盖的位置不能超过脚趾的位置。

向上运动

1. 起身，慢慢挺直。

2. 起身时呼气。

腿部练习

腿部练习

深蹲：杠铃

股四头肌、腘绳肌、臀肌

✚ 这个练习需要保护者协助进行。

起始姿势

1. 举杠铃之前，将双脚分开、与肩同宽，然后掌心向下握紧杠铃杆。

2. 钻过杠铃杆，将其置于颈后肩上，抬头，眼睛直视前方。

3. 站直，将杠铃举离支架。

向下运动

1. 保持抬头，双眼直视前方、肩向后伸、上身挺直，上下运动过程中身体重心始终放在脚上。

2. 慢慢深蹲下去，直至大腿与地面平行。

3. 下蹲时吸气。

✚ 注意：膝盖的位置不能超过脚趾的位置，膝关节保持弯曲。这个练习需要一个有能力的保护者从旁协助以保证安全。

向上运动

1. 起身，慢慢挺直。

2. 起身时呼气。

3. 完成练习后将杠铃小心地放回支架上。

腿部练习

a

b

腿部练习

蹬台阶：壶铃或哑铃

股四头肌、腘绳肌、臀肌

起始姿势

在台阶或长椅前，紧握壶铃或哑铃，将其放在大腿两侧，掌心朝向大腿外侧。肘部伸直，身体直立，双脚平行分开与髋同宽。

向上运动

1. 抬头，双眼直视前方，肩向后伸，练习时上身保持直立。

2. 将右脚放在台阶上，然后是左脚，站在台阶之上。

3. 踏上台阶时呼气。

向下运动

1. 将右脚放到地面，然后是左脚，双脚回到地面上。

2. 将脚踏回地面时吸气。

注意：每次练习交替迈出双脚。

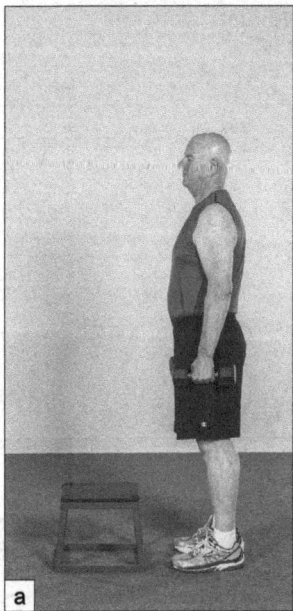

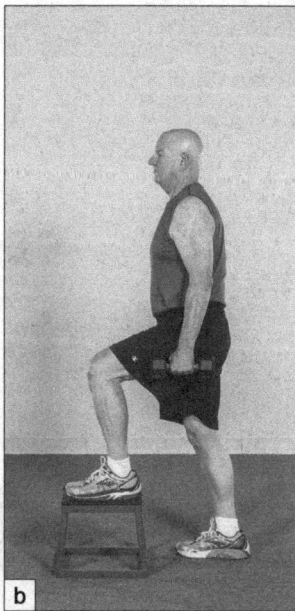

腿部练习

箭步蹲：壶铃或哑铃

股四头肌、腘绳肌、臀肌

起始姿势

紧握壶铃或哑铃放在大腿两侧，掌心朝向大腿外侧，肘部伸直，身体直立，双脚平行分开与髋同宽。

向前运动

1. 抬头，双眼直视前方，肩向后伸，练习过程中上身保持直立。

2. 右脚向前迈出一大步，右膝弯曲，呈90度。

3. 步子要足够大，以使右膝在右脚的正上方（而不是前方）。

4. 迈步时吸气。

向后运动

1. 收回右脚，还原到初始位置，双脚平行站立。

2. 将脚收回时呼气。

✚ **注意：每次练习时交替迈出双脚。**

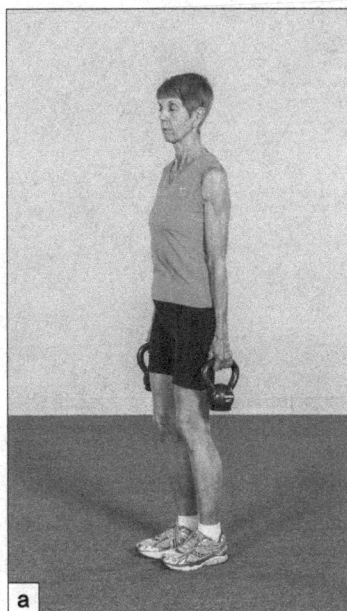

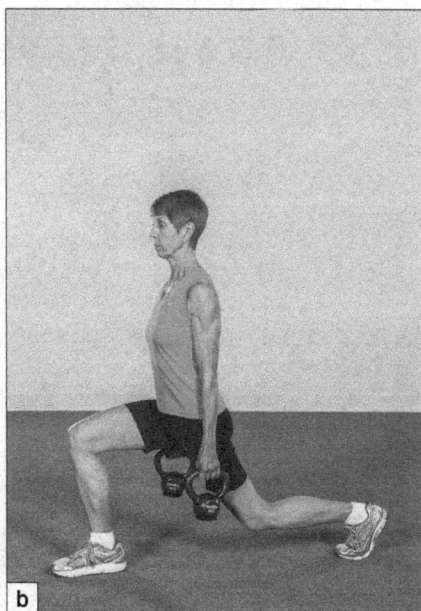

腿部练习

提踵：壶铃或哑铃
腓肠肌、比目鱼肌

起始姿势

1. 紧握壶铃或哑铃，掌心朝向大腿外侧，肘部伸直，直立。

2. 将壶铃或哑铃放于大腿两侧。

3. 将前脚掌放在平稳且高于地面（2.5~5厘米）的平面上，双脚平行分开，与髋同宽。

向上运动

1. 抬头，双眼直视前方，肩向后伸，身体直立，上下运动时将身体重心放于脚上。

2. 慢慢提起脚尖，保持身体直立，膝关节伸直。

3. 提起脚尖时呼气。

向下运动

1. 在尽量舒适的状态下，放下脚后跟，同时保持身体直立，膝关节伸直。

2. 放下脚后跟时吸气。

腿部练习

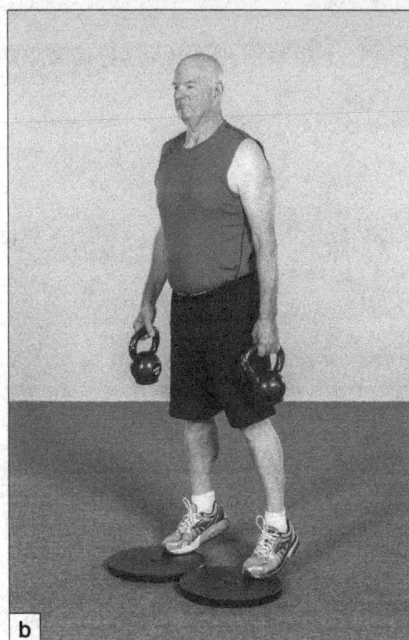

腿部练习

提踵：杠铃
腓肠肌、比目鱼肌

起始姿势

1. 站直，双脚分开，与肩同宽，握紧杠铃杆，掌心向前。

2. 将杠铃杆紧靠大腿，正反握交替进行，肘部伸直，抬头，双眼直视前方（另一种方式是将杠铃放在颈后肩部的位置进行练习。注意当放于颈后肩部时需要保护者协助进行训练）。

3. 将脚前掌放于稳定且高于地面（2.5~5厘米）的平面上，双脚平行分开，与髋同宽。

向上运动

1. 抬头，双眼直视前方，肩向后伸，身体直立，上下运动过程中身体重心始终保持在双脚上。

2. 慢慢提起脚尖，同时保持身体直立，膝关节伸直。

3. 提起脚尖时呼气。

向下运动

1. 在尽量舒适的状态下，放下脚后跟，同时保持身体直立，膝关节伸直。

2. 放下脚后跟时吸气。

腿部练习

a

b

腿部练习

前蹲：哑铃
臀大肌、腘绳肌、股四头肌

起始姿势

1. 双手紧握哑铃（掌心相对），将哑铃举至肩膀前面、胸部正中的位置，身体直立。

2. 双脚分开，约与肩同宽，脚尖微向外。

3. 手臂弯曲，挺胸弓背，背部挺直，身体直立。

向下运动

1. 匀速弯曲臀部和膝关节，保持身体直立，背部挺直。

2. 深蹲时身体不能向前弯曲；肩往后伸，挺胸，哑铃仍然在肩部的前面。

3. 脚跟贴到地面，膝盖不超过脚尖。

4. 继续向下弯曲，直到大腿与地面平行。如果脚跟提离地面或者身体开始前倾，则说明深蹲的幅度过大；以后的练习深蹲的幅度应该小一点。

5. 深蹲时吸气。

向上运动

1. 匀速弯曲臀部与膝关节，重新站起还原至初始位置。

2. 保持背部挺直，脚后跟放在地面上，膝盖不超过脚尖。

3. 站起时呼气。

腿部练习

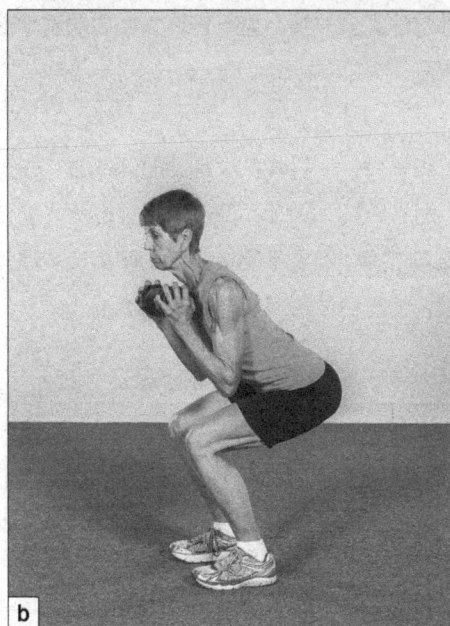

腿部练习

挥摆：壶铃

臀大肌、腘绳肌、股四头肌、三角肌

起始姿势

1. 将壶铃置于胯下，双脚分开，比肩略宽，脚尖略向外。

2. 深蹲，双手紧握壶铃，拇指向前。

3. 握紧壶铃，将其悬与两腿之间，肘部完全伸展。

4. 弓背，肩向后伸，挺胸，身体直立，壶铃略低于肩部。

向前向上运动

1. 深蹲，双臂略微施力，使壶铃在两腿之间摇摆（剩下的练习中，不再使用双臂移动壶铃）。

2. 在摇摆过程的最底部，前臂（肘部完全伸展）压于大腿内侧，壶铃在身体后面。

3. 将壶铃向上向前摆，臀部也随之向前向上提。

4. 保持肩往后伸，挺胸。

5. 壶铃向上摆，肘部依然完全伸展，直至壶铃大概碰触到胸部或者肩部的位置。

6. 向前向上运动时呼气。

向后向下运动

1. 当壶铃到达摇摆的最高点，使其降低，直至肘部伸直，壶铃到达最低点。

2. 当壶铃摆至最低点时，略蹲，臀部和肩部向后，挺胸，前臂压于大腿内侧。

3. 壶铃摆至前面，练习结束，但是不能将臀部和膝关节伸展开继续摇摆。

4. 摇摆练习一旦结束，将壶铃放在两脚之间的地面上。

5. 向下向后运动时吸气。

腿部练习

核心肌群练习

体侧屈：壶铃或哑铃

腹直肌、腹外斜肌、腹内斜肌

起始姿势

1. 用右手紧握壶铃或哑铃，右臂伸直，身体直立，双脚平行分开与髋同宽。

2. 手握壶铃或哑铃置于右腿一侧，掌心朝向大腿外侧。

3. 练习过程中手臂伸直紧贴臀部。身体不要前倾或后倾。

向左运动

1. 腰部向左侧弯曲，提起壶铃或哑铃。

2. 提起时呼气。

向右运动

1. 腰部向右弯曲，将壶铃和哑铃尽可能地放低。

2. 放低时吸气。

✚ **注意**：完成右手握哑铃或壶铃的所有动作以后，将哑铃或壶铃交换至左手继续练习。

核心肌群练习

硬拉：壶铃或哑铃

竖脊肌、股四头肌、腘绳肌、臀肌

起始姿势

1. 抓举起始姿势如第5章所述。

2. 双手紧握壶铃或哑铃，掌心朝向脚踝外侧，肘部伸直。

向上运动

1. 抬臀将壶铃或哑铃提离地面，如第5章所述提起时要保持肘部伸直、背部挺直。

2. 当壶铃或哑铃超过膝盖时，将臀部前倾。

3. 提臀，伸膝，直到身体完全直立起来。

4. 提起时呼气。

向下运动

1. 屈臀，屈膝，慢慢将壶铃或哑铃放回地面。

2. 保持背部平直。

3. 放回地面时吸气。

➕ **注意**：练习期间后背应保持相对平稳的姿势。大部分动作是臀部和膝关节的活动。

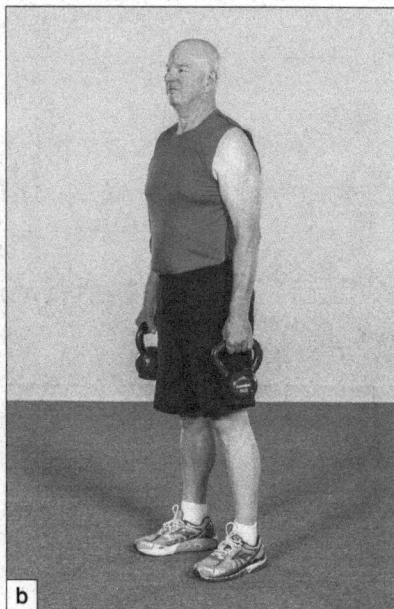

核心肌群练习

硬拉：杠铃

竖脊肌、股四头肌、腘绳肌、臀肌

起始姿势

1. 抓举起始姿势如第5章所述。

2. 双手分开放于杠铃杆，握距略比肩宽，肘部伸直。

3. 双脚平放于地面，杠铃置于前脚掌上方、小腿前5厘米处。

向上运动

1. 提臀将杠铃举离地面，如第5章所述，抓举过程中保持肘部伸直，背部平直。

2. 杠铃举过膝盖前，保持杠铃杆紧贴小腿。

3. 一旦杠铃举过膝盖，将臀部前倾，同时移动大腿，使杠铃压向膝盖。

4. 继续提臀伸膝，直至身体完全直立。

5. 抓举时呼气。

向下运动

1. 屈臀，屈膝，慢慢将杠铃放回地面。

2. 保持后背平直；身体不要前倾。

3. 放回时吸气。

胸部练习

胸部飞鸟：哑铃
胸大肌、三角肌前束

✚ 这个练习需要保护者从旁协助。

起始姿势

1. 仰面躺在平板训练椅上，双腿跨坐，膝关节弯曲呈90度，双脚平放在地面上。

2. 紧握哑铃，掌心向上，肘部微屈。

3. 在练习过程中，保持头部、肩部和臀部紧贴平板训练椅，双脚放于地面。

4. 将哑铃推至胸部上方，肘部微屈。

向下运动

1. 同时缓慢放低两个哑铃，保持肘部微屈，与身体呈90度，直至上臂与地面平行。

2. 放低哑铃时吸气。

向上运动

1. 同时将两个哑铃向上举起还原至起始位置，肘部微屈。

2. 举起哑铃时呼气。

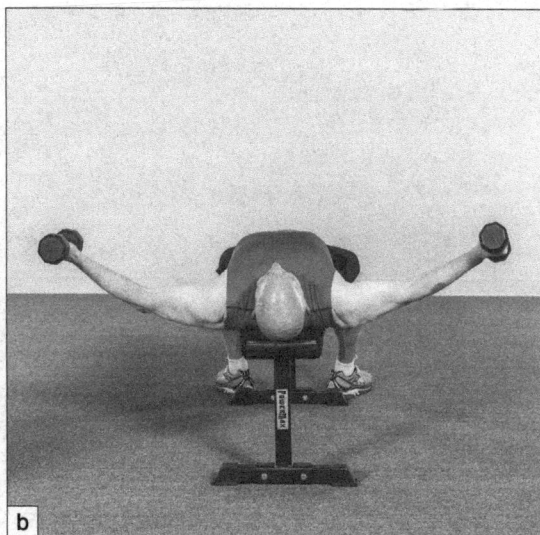

胸部练习

卧推：哑铃
胸大肌、三角肌前束、肱三头肌

✚ 练习期间需要保护者从旁协助。

起始姿势

1. 平躺于平板训练椅上，双腿跨坐，膝关节弯曲呈90度，双脚平放于地面上。

2. 紧握哑铃，掌心朝上向上推，直至将双臂在胸部上方完全伸展。

3. 练习过程中，将头部、肩部和臀部放于平板训练椅上，双脚放于地面。

向下运动

1. 慢慢匀速将哑铃放低至胸前。

2. 放低哑铃时吸气。

向上运动

1. 将两只哑铃同时向上推，直至双臂完全伸展开。

2. 上推哑铃时呼气。

胸部练习

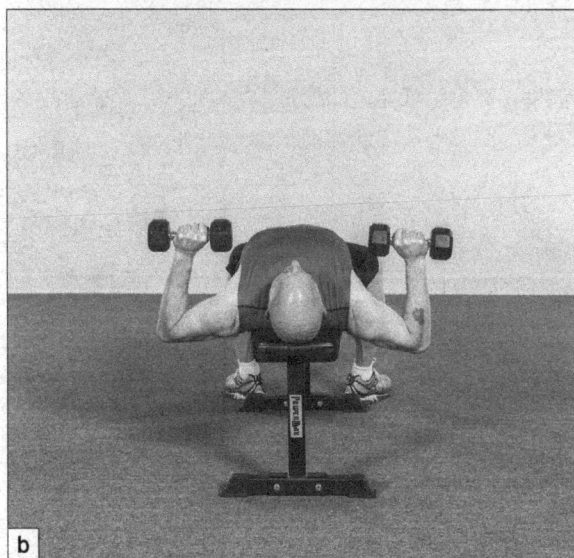

胸部练习

卧推：杠铃

胸大肌、三角肌前束、肱三头肌

➕ **这个练习需要保护者从旁协助。**

起始姿势

1. 平躺于平板训练椅上，双腿跨坐，膝关节弯曲呈90度，双脚平放于地面。

2. 紧握杠铃，掌心向前，握距略宽于肩，将杠铃向上推，直至肘部在胸部上方完全伸展开。

3. 练习期间，保持头部、肩部和臀部放在平板训练椅上，双脚放于地面上。

向下运动

1. 慢慢匀速将杠铃下放至胸部。

2. 杠铃下放时吸气。

向上运动

1. 将杠铃匀速上举，直至肘部完全伸展开。

2. 上举时呼气。

胸部练习

胸部和肩部练习

上斜卧推：杠铃

胸大肌、三角肌前束、肱三头肌

➕ 这个练习需要保护者从旁协助。

起始姿势

1. 练习过程中，坐时头部、肩部和背部紧贴斜板训练椅，双脚平放于地面。

2. 紧握杠铃，掌心向前，握距比肩略宽；将杠铃上推，直至肘部在肩部以上完全伸展。

向下运动

1. 将杠铃平稳下放至肩部位置。

2. 下放杠铃时吸气。

向上运动

1. 将杠铃平稳上举，直至肘部在肩部上完全伸展。

2. 上举时呼气。

胸部和肩部练习

胸部和肩部练习

上斜卧推：哑铃
胸大肌、三角肌前束、肱三头肌

✚ 这个练习需要保护者从旁协助。

起始姿势

1. 练习过程中，坐时头部、肩部和背部紧贴斜板训练椅，双脚平放于地面。

2. 紧握哑铃，掌心向前，将哑铃放于肩部上方，肘部完全伸展。

向下运动

1. 将哑铃平稳放低至肩部位置。

2. 放低哑铃时吸气。

向上运动

1. 将哑铃平稳上推，直至肘部在肩部上方完全伸展。

2. 上推杠铃时呼气。

胸部和肩部练习

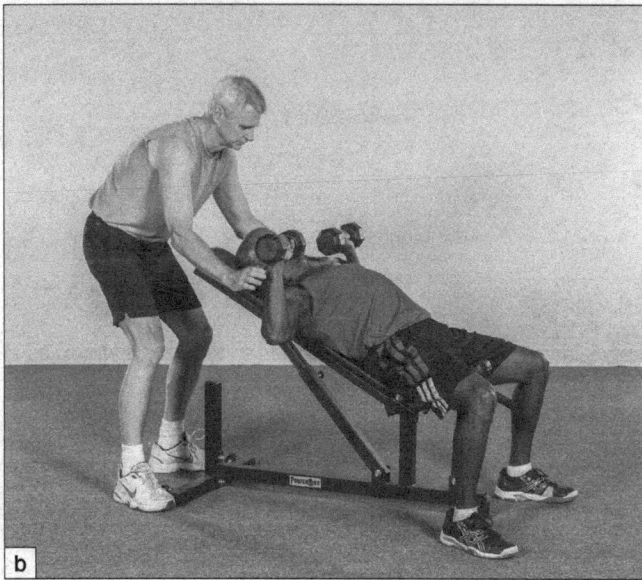

肩部练习

侧平举：哑铃

三角肌

起始姿势

1. 紧握哑铃，掌心朝向大腿外侧，肘部微屈。

2. 身体直立，双腿分开与髋同宽。

向上运动

1. 将哑铃同时缓慢上举，掌心向下，直至举至与肩同高（与地面平行）。

2. 上举时呼气。

向下运动

1. 将哑铃同时缓慢下放至起始位置。

2. 放低哑铃时吸气。

肩部练习

坐姿推举：哑铃

三角肌、肱三头肌、上斜方肌

✚ 这个练习需要保护者从旁协助。

起始姿势

1. 紧握哑铃，与肩同高。

2. 跨坐于训练椅上，双脚一直放于地面上。

注意：如果你使用的是直椅或可调节座椅，保持头部和后背紧贴训练椅。

向上运动

1. 将两只哑铃同时缓慢向上推举，直至肘部在肩部上方完全伸展。

2. 上推哑铃时呼气。

向下运动

1. 将两只哑铃同时下放至肩部位置。

2. 下放哑铃时吸气。

 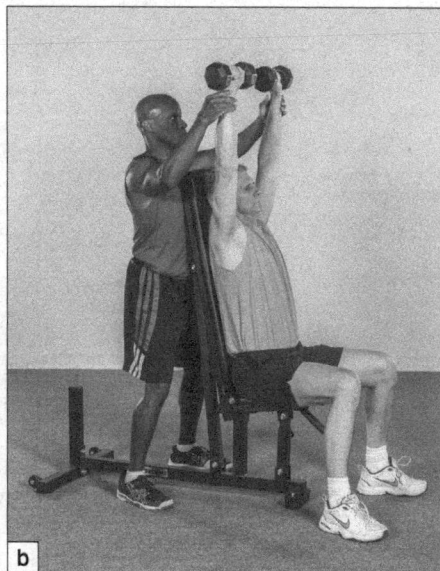

肩部练习

站姿交替肩推举：哑铃
三角肌、肱三头肌、上斜方肌

起始姿势

1. 紧握哑铃，掌心向前，推举至与肩同高的位置。

2. 双脚分开，与肩同宽，身体直立。

上下运动

1. 缓慢伸直左肘，将哑铃举过头顶，右臂保持不动，举哑铃时呼气。

2. 将左臂缓慢下放还原至初始位置，下放时吸气。

3. 缓慢伸直右肘，将哑铃举过头顶，左臂保持不动，举哑铃时呼气。

4. 将右臂缓慢下放还原至初始位置，下放时吸气。

5. 继续左右臂交替推举练习，呼气吸气方式与之前所述相同。

注意：左右臂交替推举哑铃时，身体保持直立，绝不能向后倾斜。

肩部练习

肩部练习

站姿推举：杠铃
三角肌、肱三头肌、上斜方肌

✚ 这个练习需要一个至少与你同高的保护者从旁协助。

这个练习也可以坐在平板椅或斜板椅上进行。这种替代练习也需要保护者从旁协助。

起始姿势

遵循第5章将训练负荷从地面举至肩部的规则。

向上运动

1. 头部略微后仰，将杠铃垂直上举（不要碰到下颌），直至肘部完全伸展。

2. 保持腰部挺直，杠铃垂直置于肘部上方。

3. 杠铃举过头顶后，头部不要过分后仰，身体不能后倾。

4. 上举杠铃时呼气。

向下运动

1. 将肘部弯曲，将杠铃下放至初始位置。

2. 头部微倾，这样杠铃就不会碰到头部、鼻子或下颌。

3. 腰部保持挺直，将杠铃垂直放于肘部上方。

4. 做完最后一次练习之后，按照第5章所述的下放训练负荷规则，将杠铃放在地面上。

5. 下放杠铃时吸气。

肩部练习

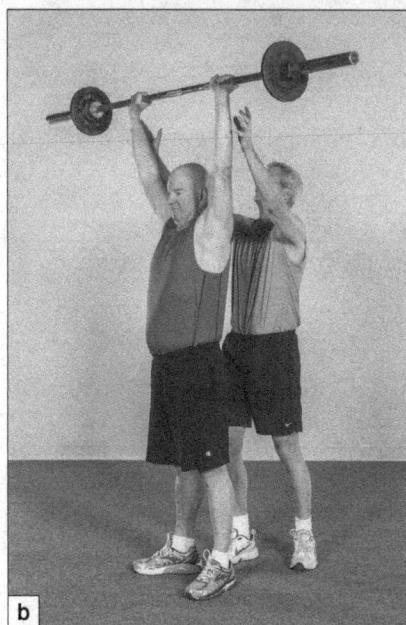

上背部练习

仰卧屈臂上拉：哑铃
背阔肌

起始姿势

1. 双手紧握哑铃（掌心相对），并移动至头部后方。

2. 仰面躺在平板训练椅上，双脚平放于地面上。

向上运动

1. 向上向前推举，直到推举至胸部上方。

2. 推举时呼气。

向下运动

1. 将哑铃下放至最低位置。

2. 下放哑铃时吸气。

➕ **注意**：练习过程中，保持肘部弯曲，并贴近头部。

上背部练习

上背部练习

单臂划船：壶铃或哑铃
背阔肌、肱二头肌

起始姿势

1. 用右手紧握壶铃或哑铃，左手和左膝放于训练椅上用于支撑，右腿伸直，右脚平放于地面上。

2. 紧握壶铃或哑铃，掌心朝向训练椅，肘部伸直。

3. 练习过程中，后背保持平直。

向上运动

1. 将壶铃或哑铃拉至与胸同高。

2. 拉高时呼气。

向下运动

1. 将壶铃或哑铃下放至初始位置。

2. 下放时吸气。

✚ **注意：**用左臂和左腿从起始姿势重复练习一次。

上背部练习

上背部练习

俯身划船：壶铃或哑铃

背阔肌、菱形肌

起始姿势

1. 紧握壶铃，掌心相对，膝关节微屈，上身比与地面平行的位置略高。

2. 上背平直收紧，不能弓背或弯腰。

3. 练习过程中保持膝盖与身体位置不变。

4. 将壶铃垂直放下，肘部完全伸展。

向上运动

1. 举起壶铃至下胸部或上腹部。

2. 保持腰部挺直。

3. 举起壶铃时呼气。

向下运动

1. 拉直肘部，将壶铃下放还原至初始位置。

2. 下放壶铃时吸气。

上背部练习

俯身飞鸟：哑铃

背阔肌、斜方肌、菱形肌、上斜方肌

起始姿势

1. 屈膝四分之一，身体前倾，使躯体比与地面平行的位置稍高。上背平直收紧，不能弓背或弯腰。练习的过程中，膝盖与身体的姿势保持不变。

2. 紧握哑铃，掌心相对。

向上运动

1. 肘部伸直，腰部挺直，掌心向下，将哑铃上举或上推，直至与地面平行。

2. 上举时呼气。

向下运动

1. 将哑铃下放至初始位置。

2. 下放时吸气。

手臂前部练习

站姿双臂弯举：杠铃

肱二头肌

起始姿势

1. 反手或掌心向上握住杠铃，肘部伸直。练习过程中确保上臂与地面垂直，并紧贴于身体两侧。

2. 身体直立，双脚平行分开与髋同宽。

向上运动

1. 缓慢屈臂将杠铃提至肩部，直至掌心与胸部相对。

2. 屈臂时呼气。

向下运动

1. 将杠铃缓慢下放，直至肘部完全伸展。

2. 下放时吸气。

➕ **注意：练习过程中，确保上臂与地面垂直，并紧贴于身体两侧。**

手臂前部练习

站姿双臂弯举：哑铃

肱二头肌

起始姿势

1. 反手握住哑铃，肘部伸直。练习过程中确保上臂与地面垂直，并紧贴于身体两侧。

2. 身体直立，双腿平行分开与髋同宽。

向上运动

1. 缓慢屈臂将哑铃同时上举至肩部，直至掌心与胸部相对。

2. 上举哑铃时呼气。

向下运动

1. 缓慢屈臂将哑铃同时还原至初始位置。

2. 下放哑铃时吸气。

手臂前部练习

斜卧推举：哑铃

肱二头肌

起始姿势

1. 坐在斜板训练椅上，肩部和背部紧贴椅垫，双脚放于地面上。

2. 紧握哑铃，掌心朝前，肘部伸直，手臂与地面垂直。

向上运动

1. 缓慢屈臂将杠铃举起，直至掌心与胸部相对。

2. 举起杠铃时呼气。

向下运动

1. 缓慢将哑铃下放至初始位置。

2. 下放时吸气。

手臂前部练习

斜托弯举：哑铃

肱二头肌

起始姿势

1. 坐在屈臂训练凳上，上臂支撑于斜臂垫上，双脚放于地面上。

2. 紧握哑铃，掌心向上，肘部几乎完全伸展。

向上运动

1. 缓慢屈臂上举哑铃，直至掌心与胸部相对。

2. 上举时呼气。

向下运动

1. 缓慢将哑铃下放至初始位置。

2. 下放时吸气。

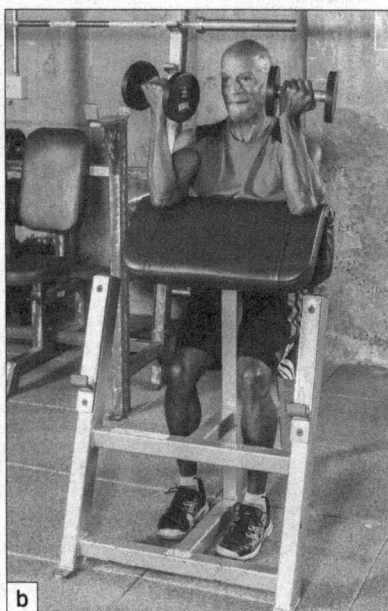

手臂前部练习

单臂弯举：哑铃

肱二头肌

起始姿势

1. 坐在训练椅上，左手紧握哑铃，左肘抵住左侧大腿。双脚分开，与髋同宽，上身向前微倾。在练习过程中，左肘要一直抵住左侧大腿。

2. 开始锻炼时，左肘扭转，使掌心朝前。

向上运动

1. 缓慢屈臂，将哑铃提至下颌处。

2. 屈臂时呼气。

向下运动

1. 缓慢将哑铃下放至初始位置。

2. 下放时吸气。

3. 用右臂从起始位置再做一次练习（右肘抵住右侧大腿）。

手臂后部练习

头后臂屈伸：哑铃

肱三头肌

➕ 此项练习需要保护者从旁协助。

起始姿势

1. 双手紧握一个哑铃，掌心相对，身体直立，双脚分开与髋同宽。

2. 将哑铃上举，直至肘部完全伸展，举过头顶。

3. 在练习过程中，保持上臂与地面垂直。

向下运动

1. 缓慢将哑铃下放至颈部底部。

2. 下放哑铃时吸气。

向上运动

1. 缓慢上举哑铃，直至肘部完全伸展。

2. 上举时呼气。

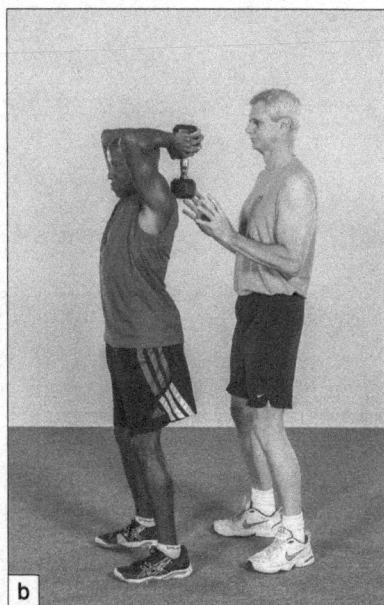

手臂后部练习

仰卧臂屈伸：哑铃

肱三头肌

➕ 此项练习需要保护者从旁协助。

起始姿势

1. 仰面躺在平板训练椅上，双脚放于地面上。

2. 紧握哑铃，掌心相对。

3. 将哑铃上举，直至肘部完全伸展至肩部上方。

注意：练习过程中，保持上臂与地面垂直。

向下运动

1. 缓慢将哑铃下放至靠近前额处。

2. 下放时吸气。

向上运动

1. 缓慢将哑铃上举，直至肘部在肩部上方完全伸展。

2. 上举时呼气。

手臂后部练习

a

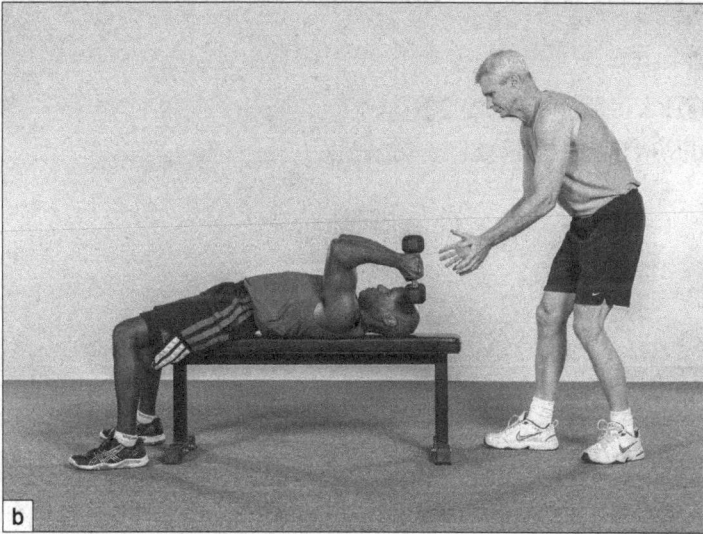
b

手臂后部练习

俯立臂屈伸：哑铃

肱三头肌

起始姿势

1. 右手紧握哑铃，将左手与左膝放于训练椅上作为身体支撑，保持右腿伸直，右脚平放于地面。

2. 握住哑铃，掌心朝向训练椅。

3. 用右手举起哑铃，肘部弯曲90度，上臂始终贴近肋骨。

向上运动

1. 拉伸右肘，直至伸直并与地面平行。

2. 右臂上部紧贴身体。

3. 保持腰部右侧收紧，身体保持不动。

4. 举起哑铃时呼气。

向下运动

1. 右肘弯曲，将哑铃移至初始位置。

2. 还原初始位置时吸气。

手臂后部练习

颈部练习

耸肩：杠铃

上斜方肌

起始姿势

1. 握紧杠铃，掌心朝向身体，双臂放于身体两侧，肘部完全伸展。

2. 练习过程中，手臂保持伸直。

3. 身体直立，双腿分开与髋同宽。

向上运动

1. 朝耳朵的方向提（耸）肩，越高越好。

2. 耸肩时呼气。

向下运动

1. 缓慢将杠铃下放至初始位置。

2. 下放时吸气。

颈部练习

耸肩：哑铃或壶铃

上斜方肌

起始姿势

1. 紧握壶铃或哑铃，掌心朝向大腿，双臂放于身体两侧，肘部完全伸展。练习过程中，手臂保持伸直。

2. 身体直立，双脚分开与髋同宽。

向上运动

1. 提（耸）肩，越高越好。

2. 耸肩时呼气。

向下运动

1. 缓慢将壶铃或哑铃下放至初始位置。

2. 下放时吸气。

第 **8** 章

自重、阻力带和健身球练习

第1章~第4章主要阐述了力量训练的诸多益处、如何评估现在的力量训练水平、本书有哪些训练计划适合你、成功训练的关键，以及适合训练的器械。在第5章中你可以了解与训练相关的抓握、站姿和身姿、运动速度和呼吸方法。本章介绍使用自重、阻力带和健身球的23个相关练习。阅读本章时，可以参照第4章中关于适合自身尺寸健身球的选择与阻力带厚度问题的论述。

回顾本章中的练习以及第6章、第7章中的固定器械练习和自由重量练习，你会注意到有些练习属于旋转运动模式。更确切地说，这些练习从本质上是环形运动模式。旋转运动一般是由一个或两个主要肌群参与产生的单关节运动，如坐姿腿屈伸和杠铃屈臂。举个例子，坐姿腿屈伸主要锻炼股四头肌，并激活膝关节。而杠铃屈臂练习主要锻炼肱二头肌，并激活肘关节。

有的训练是线性运动模式。更确切地说，这种训练从本质上说是直线式的。线性运动一般是指由两个或两个以上的主肌群引起的多关节运动，如坐姿蹬腿和卧推。举个例子，坐姿蹬腿可以锻炼股四头肌、腘绳肌和臀肌，并激活膝关节和髋关节。同样，卧推训练可以锻炼胸大肌、三角肌前束和肱三头肌，并激活肩关节和肘关节。我们认为一项综合力量训练计划应该包括旋转训练和线性训练，这样才能最大限度地促进全身肌肉发展。

腿部练习

靠墙深蹲：健身球与哑铃

股四头肌、腘绳肌、臀肌

起始姿势

1. 紧握哑铃，肘部伸直，身体直立，双脚平行分开，与髋同宽。

2. 将哑铃放于大腿两侧，掌心朝向大腿外侧。

3. 将健身球放于后背与墙壁之间，双脚尽量远离墙壁。

向下运动

1. 练习过程中，保持昂首挺胸，双眼直视前方，上身直立，身体重心始终在双脚上。

2. 缓慢深蹲，直至大腿平行于地面，在下蹲的同时让健身球在墙壁与背部之间向下移动。

3. 向下时吸气。

向上运动

1. 缓慢伸直膝关节、提臀，开始向上移动，当你向上移动的同时让健身球在后背与墙壁之间向上移动。

2. 向上时呼气。

腿部练习

足跟后拉：健身球

腘绳肌、髋屈肌

起始姿势

1. 仰面躺在地面上，双腿伸展，脚跟放在健身球上。

2. 双手掌心向下放于地面，紧靠臀部。

向后运动

1. 将球缓慢拉向臀部，膝关节弯曲，向胸部贴近。

2. 将球拉向臀部时呼气。

向前运动

1. 慢慢将球复位，直至双腿完全伸展。

2. 复位时吸气。

注意：足跟后拉练习过程中，臀部不要离开地面。

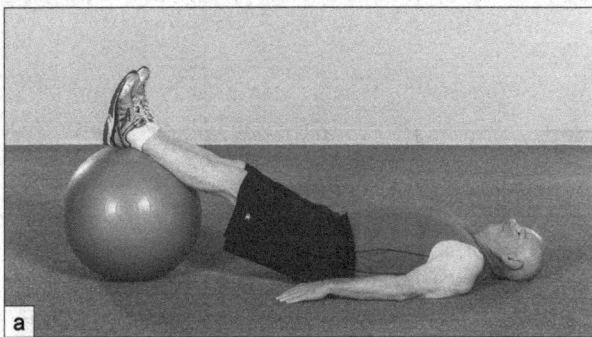

腿部练习

抬腿：健身球

股四头肌、髋屈肌、腹直肌

起始姿势

1. 仰面躺在地面上，膝关节弯曲，双脚夹在健身球的两侧。

2. 双手放于地面，紧贴臀部。

向上运动

1. 缓慢将球向上抬起，直至双腿伸直。

2. 将球抬起时呼气。

向下运动

1. 屈膝，缓慢将球放于地面。

2. 将球放下时吸气。

注意：抬起和放下健身球时，大腿位置尽量保持不变。

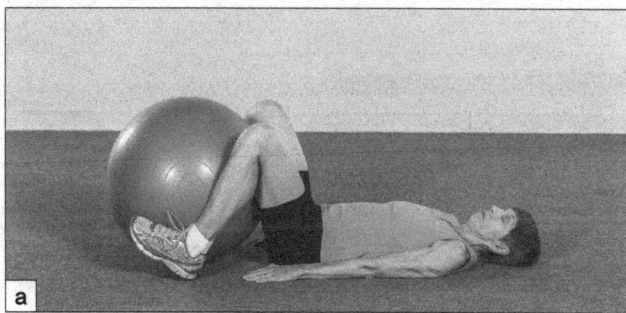

腿部练习

深蹲：阻力带

臀大肌、腘绳肌、股四头肌

起始姿势

1. 紧握阻力带手柄，掌心相对，放于大腿两侧。

2. 站在阻力带中间位置，双脚分开，与肩同宽。

3. 深蹲，大腿与地面呈45度。

4. 将阻力带多余的松弛部分夹在双脚之间，阻力带绷紧。

5. 后背微弓，肩向后伸，抬头挺胸，后背保持平直，上身直立。

向上运动

1. 匀速提臀并伸展膝关节，后背平直，并尽量直立。

2. 脚后跟贴于地面，膝盖与脚尖方向一致。

3. 继续向上，直至完全站立。

4. 站立时呼气。

向下运动

1. 匀速弯曲臀部与膝关节，还原至初始位置。

2. 脚跟紧贴地面，膝盖与脚尖方向一致。

3. 还原时吸气。

腿部练习

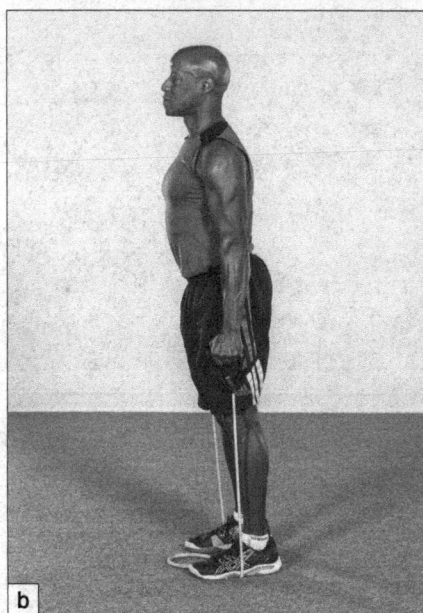

核心肌群练习

躯干挺身：自重

竖脊肌

起始姿势

1. 面朝下躺在垫子或地毯上。

2. 将双手放于颌部下面，保持颈部处于中立位。

向上运动

1. 将胸部慢慢向上抬起约30度。

2. 向上抬起时呼气。

向下运动

1. 将胸部缓慢放低至地面。

2. 将胸部放低时吸气。

注意：在练习过程中，可能需要固定双脚位置。

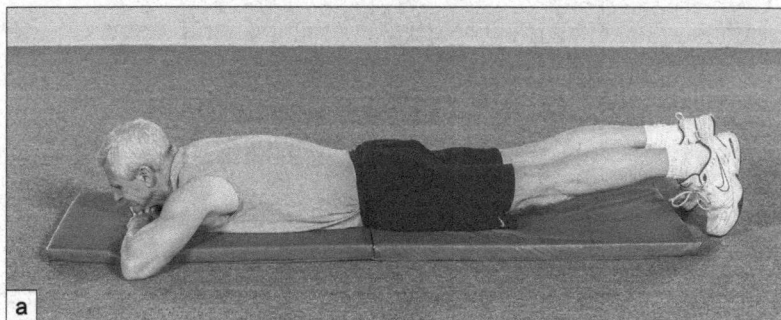

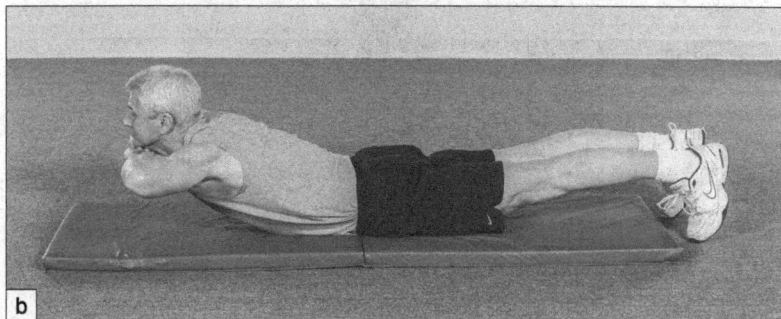

核心肌群练习

躯干挺身：健身球

竖脊肌

起始姿势

1. 俯卧于健身球上，肚脐位于健身球最上部。

2. 脚尖支撑地面，膝关节伸直（或几近伸直），且分开约12尺寸（30厘米）。

3. 双手紧握，放于脑后。

向上运动

1. 保持脚尖支撑地面，抬起上身，直至伸直（或近似于拱起），胸部离开健身球上部。

2. 抬起时呼气。

向下运动

1. 身体向下，还原至初始位置。

2. 向下时吸气。

核心肌群练习

转体仰卧起坐：自重
腹直肌、股直肌、髋屈肌、腹外斜肌、腹内斜肌

起始姿势

1. 仰面躺于垫子或地毯上。

2. 双手放在脑后，颈部保持在中立位。

向上运动

1. 练习过程中，后背上部抬离地面约30度，上身保持弯曲。

2. 双腿抬离地面，右腿伸直，左腿弯曲。

3. 身体转向左面，右肘碰到左膝后，收回左腿。

4. 交换两腿位置，同时将身体向右转，左肘碰到右膝后，收回右腿。做这个动作时呼气。

向下运动

1. 尽可能多地完成转体动作，然后将腿和后背放回地面。

2. 练习过程中始终保持呼吸连贯。

✚ **注意：如果你的肘部无法触碰到膝盖，那么每次只需要转体和尽可能地触碰，然后拉回膝盖。**

核心肌群练习

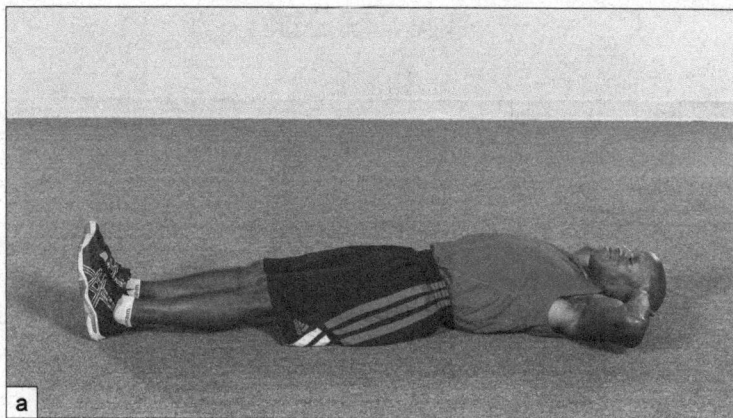

核心肌群练习

卷腹：健身球

腹直肌

起始姿势

1. 仰面躺在球上，双脚平放于地面，后背贴在球上。

2. 双手交叉放于脑后，颈部保持在中立位。

向上运动

1. 缓慢将后背从球上抬起约30度。

2. 抬起时呼气。

向下运动

1. 将后背上部缓慢放下，直至完全放在健身球上。

2. 向下时吸气。

➕ **注意**：这个练习与标准仰卧起坐相似，但是健身球增加了这个练习的活动范围，需要核心肌肉发挥更大的核心稳定性。

核心肌群练习

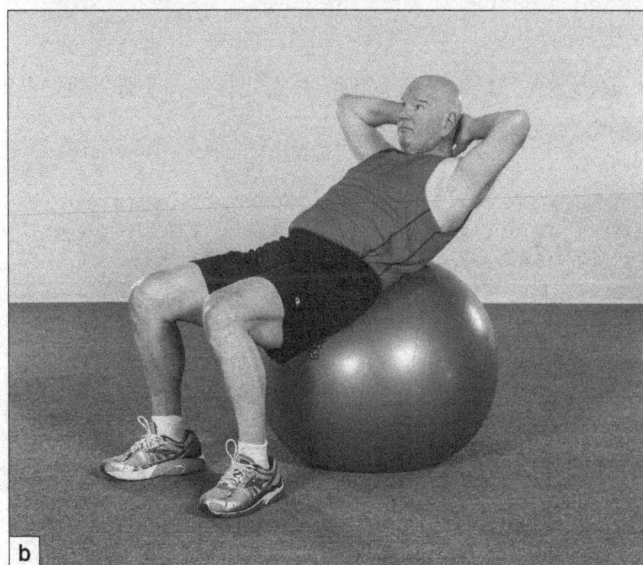

核心肌群练习

侧向平板支撑：自重

腹直肌

起始姿势

1. 向右侧卧，只有右前臂、臀部右侧和右腿放于地垫上。

2. 将左臂放于身体左侧。

3. 将左腿放在右腿上，双腿平行。

向上运动

1. 收紧核心肌肉，将臀部向上抬起，直至身体呈一条直线离开地面。

2. 保持右脚外侧贴于地面。

3. 身体其他部位不能前凸后陷。

4. 向上时呼气。

向下运动

1. 将身体下放至初始位置。

2. 下一组从左侧开始，重复一样的动作，练习过程中，左脚外侧贴着地面。

3. 身体下放时吸气。

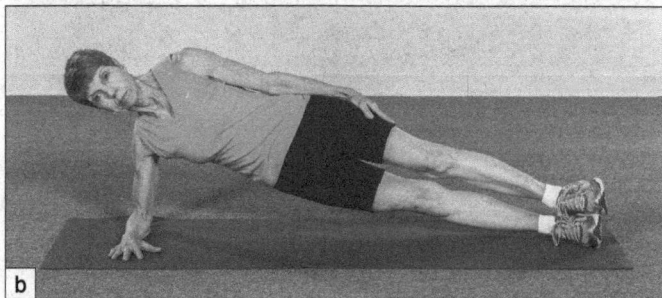

核心肌群练习

仰卧起坐：自重

腹直肌

起始姿势

1. 仰面躺在垫子或地毯上。

2. 膝关节弯曲，双臂交叉放于胸部或腹部前面。

向上运动

1. 身体向大腿方向弯曲，直至后背上部离开垫子。

2. 保持双脚平放于垫子或地面上。

3. 向上时呼气。

向下运动

1. 身体平放回初始位置。

2. 臀部不能离开垫子或地面。

3. 向下时吸气。

胸部练习

站姿推胸：阻力带

胸大肌、肱三头肌、三角肌前束

起始姿势

1. 紧握阻力带手柄，掌心向前。

2. 将阻力带均匀缠绕于身体。

3. 身体直立，双脚分开与肩同宽，膝关节微屈。

4. 将手柄放于身体两侧胸部中间位置。

向前运动

1. 将手柄从胸部向前推，直至肘部完全伸展。

2. 双臂保持与地面平行，身体其他部位保持不动。

3. 向前时呼气。

向后运动

1. 肘部弯曲至初始位置。

2. 保持双臂与地面平行，身体其他部位保持不动。

3. 还原时吸气。

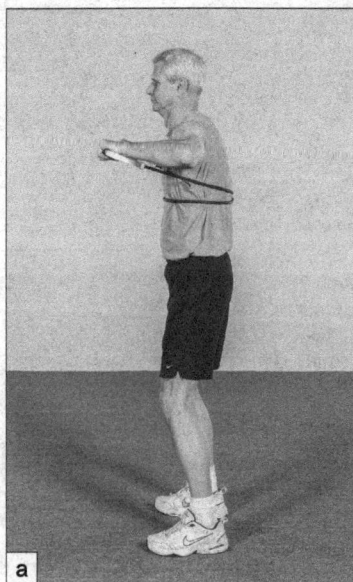

胸部练习

俯卧撑：健身球

胸大肌、三角肌前束、肱三头肌、腹直肌

起始姿势

1. 做出标准俯卧撑的姿势，双手分开放于地面，与肩同宽。

2. 脚踝放于健身球的上端，身体挺直。

向下运动

1. 将胸部压低至地面，身体保持挺直。

2. 压低时吸气。

向上运动

1. 将身体向上挺，直至手臂完全伸展。

2. 向上时呼气。

注意：这个练习与标准俯卧撑相似，但是健身球的使用需要核心肌肉发挥更大的核心稳定性。

胸部练习

臂屈伸：自重

胸大肌、三角肌前束、肱三头肌

起始姿势

1. 面部朝前，紧握手柄，掌心向下，肘部完全伸展。

2. 练习过程中，身体保持直立。

向下运动

1. 身体下放，直至肘部弯曲至90度。

2. 向下时吸气。

向上运动

1. 身体上拉，直至肘部完全伸展。

2. 身体上拉时呼气。

肩部练习

侧平举：阻力带

三角肌

起始姿势

1. 紧握阻力带手柄，掌心相对。

2. 双脚分开，与肩同宽，站在阻力带中间的位置上。

3. 将手臂与手柄移至大腿外侧，掌心向内。

向上运动

1. 将手柄向上拉离身体两侧，手、前臂、肘部和上臂同时上拉。不要通过耸肩帮助上拉手柄。

2. 保持身体直立，膝关节微屈，双脚平放于地面上。

3. 继续上拉手柄，直至上臂与地面平行或几乎达到肩部的位置。

4. 上拉时呼气。

向下运动

1. 将手柄下放至初始位置。

2. 保持身体直立，膝关节微屈，双脚平放于地面上。

3. 下放时吸气。

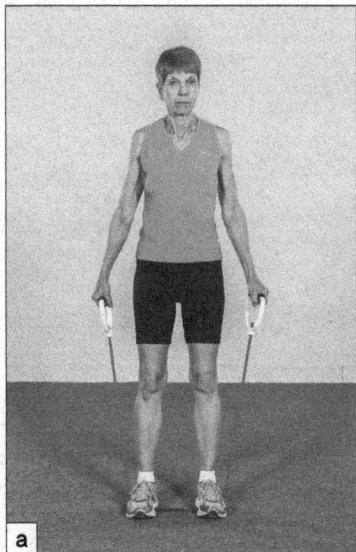
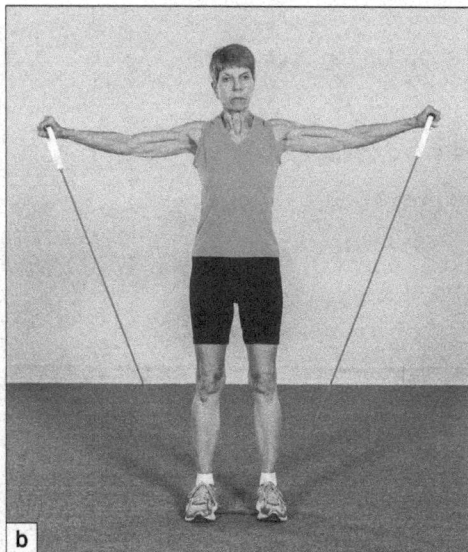

肩部练习

坐姿推举：阻力带

三角肌、肱三头肌

起始姿势

1. 上身挺直坐在地面上，双腿伸向前。

2. 坐在阻力带中间位置。

3. 将手柄放于耳侧，掌心向前。

向上运动

1. 将手柄向上推，肘部完全伸展。

2. 上身直立，腰部挺直，将手柄推至肩部正上方。

3. 上推时呼气。

向下运动

1. 将手柄下放至起始位置。

2. 将手柄还原至起始位置时，保持上身直立，腰部挺直。

3. 还原时吸气。

肩部练习

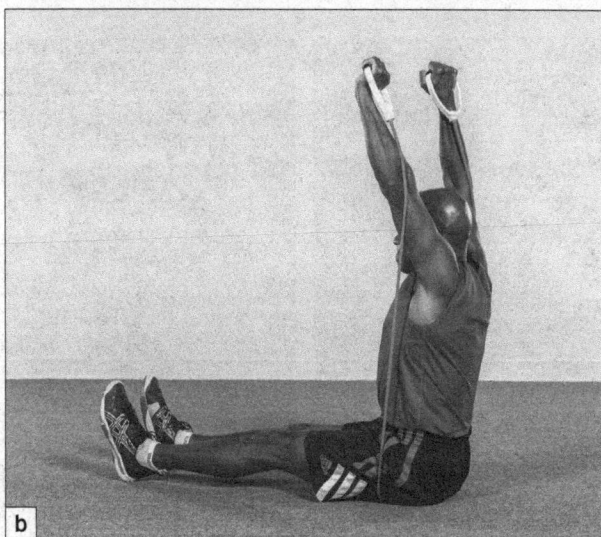

上背部练习

引体向上：自重

背阔肌、肱二头肌

起始姿势

1. 反手抓住手柄，双手分开与肩同宽，肘部完全伸展。

2. 练习过程中，保持身体直立。

向上运动

1. 将身体上拉，直至下颌高于手柄。

2. 上拉时呼气。

向下运动

1. 将身体下放直至肘部完全伸展。

2. 下放时吸气。

上背部练习

垂直划船：阻力带

三角肌、上斜方肌

起始姿势

1. 双脚分开与髋同宽，站在阻力带上，掌心靠近并朝向大腿。

2. 身体直立，膝关节微屈。

3. 练习过程中，身体保持直立。

向上运动

1. 将手柄沿腹部和胸部朝上拉。

2. 当手柄沿身体上拉时，保持肘部朝向身体两侧。

3. 不要提起脚跟或将手柄向外或向上摇。

4. 拉至最高点时，肘部应平行于或稍高于肩部和手腕。

5. 上拉时呼气。

向下运动

1. 将手柄下放至初始位置。

2. 保持上身与膝盖不动；下放时不要前倾。

3. 下放时吸气。

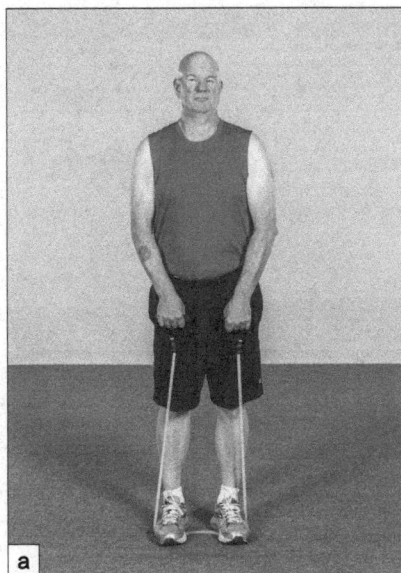
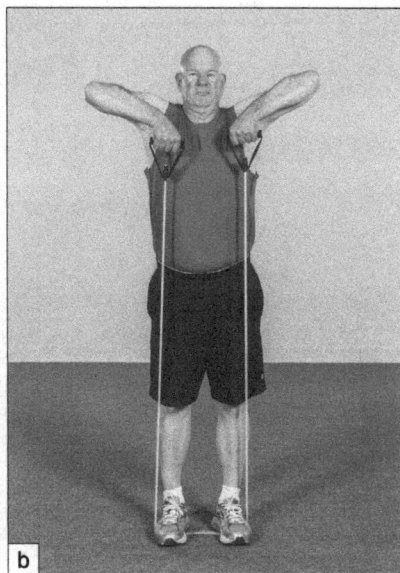

上背部练习

坐姿划船：阻力带

背阔肌、肱二头肌

起始姿势

1. 将阻力带安全地缠在脚上，握住手柄，掌心相对，肘部完全伸展。

2. 身体直立（上身垂直于地面），膝关节微屈。

3. 阻力带应几近紧绷；可使用较短的阻力带长度伸拉或者加宽双脚的间距。

向后运动

1. 弯曲手肘，上身挺直，将手柄拉向胸部。

2. 向后拉时呼气。

向前运动

1. 保持上身挺直，将手肘完全伸展，还原至起始姿势。

2. 还原时吸气。

上背部练习

手臂练习

双臂弯举：阻力带

肱二头肌

起始姿势

1. 紧握阻力带手柄，掌心向前。

2. 双脚分开与肩同宽，站在阻力带中间的位置上。

3. 将手臂和手柄移至大腿外侧。

向上运动

1. 弯曲手肘，将手柄拉至肩部。

2. 保持身体直立，膝关节微屈，双脚平放于地面上。

3. 向上拉时呼气。

向下运动

1. 伸展肘部，将手柄下放还原至初始位置。

2. 将手肘下放，直至肘部完全伸展。

3. 保持身体直立，膝关节微屈，双脚平放于地面上。

4. 下放时吸气。

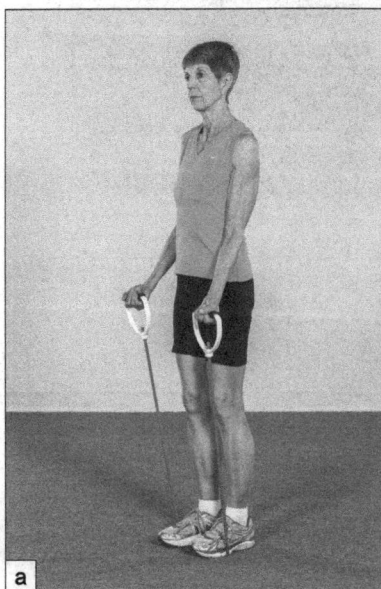
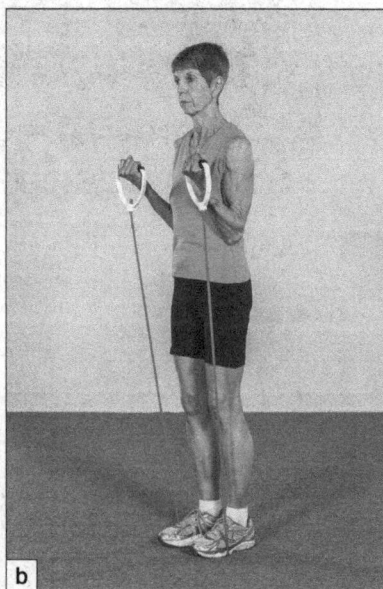

手臂练习

训练凳屈臂支撑：健身球

肱三头肌、胸大肌、三角肌前束

起始姿势

1. 将手掌放在训练凳上，肘部伸直，脚跟放于健身球上，腿部伸展，臀部置于训练凳上方。

2. 练习过程中，保持身体呈L状。

向下运动

1. 将臀部向地面移动，直至肘部弯曲至90度。

2. 向下时吸气。

向上运动

1. 将身体缓慢上拉，直至肘部完全伸展。

2. 上拉时呼气。

➕ 注意：这个练习与标准训练凳屈臂支撑相似，但是健身球的使用需要上腹部发挥更多的核心稳定性。

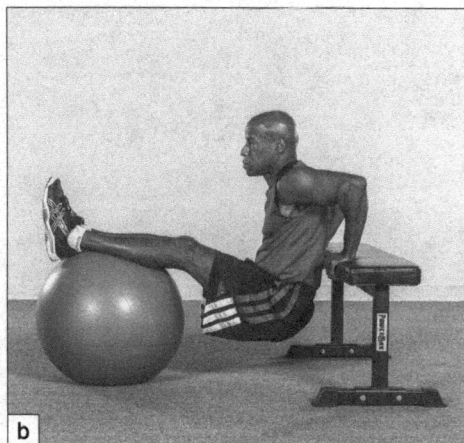

手臂练习

单臂肱三头肌伸展：阻力带

肱三头肌

起始姿势

1. 紧握阻力带手柄，掌心朝上。

2. 身体坐直于地面上，双腿伸展于身体前部。

3. 调整好身体与阻力带的位置，坐在阻力带的中间位置上。

4. 弯曲肘部，将手臂与手柄置于头部和后背上部后面，掌心向前。

向上运动

1. 伸展左侧肘部，直至手举过头顶。

2. 腰部不能弯曲，保持上臂贴近头部。

3. 向上时呼气。

向下运动

1. 弯曲左肘，将手柄下放还原至初始位置。

2. 交换手臂，用右臂重复动作。

3. 向下时吸气。

手臂练习

手臂练习

手臂走步：健身球

肱三头肌、胸大肌、三角肌前束

起始姿势

1. 做出标准俯卧撑姿势，双手分开与肩同宽，放于地面上。

2. 将脚踝放于健身球上，身体保持伸直并平行于地面。

3. 练习过程中身体保持伸直。

向后运动

1. 用手向后走向健身球，双腿在球上向后移动。

2. 向后过程中保持呼吸连贯。

向前运动

1. 用手向前走，远离健身球，双腿在球上向前移动。

2. 向前运动时保持呼吸连贯。

颈部练习

耸肩：阻力带

上斜方肌

起始姿势

1. 双脚分开与髋同宽，站在阻力带上。

2. 紧握手柄，掌心朝向大腿，手臂完全伸展放于身体两侧。

3. 练习过程中，身体直立，双臂伸直。

向上运动

1. 朝耳朵提（耸）肩，越高越好。

2. 耸肩时呼气。

向下运动

1. 将手柄下放还原至初始位置。

2. 下放时吸气。

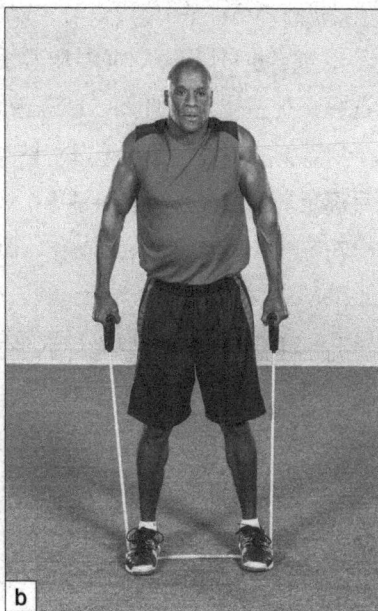

第**9**章

基本训练计划

本章将介绍一些抗阻训练计划，这些训练计划主要针对初学者和想要选择基本力量训练模式的练习者，其中包括使用固定器械的计划（第6章中有相关介绍），使用自由重量器械（第7章有相关介绍）以及自重、阻力带和健身球的训练计划（第8章中有相关介绍）。有两个训练计划在所有的抗阻训练模式中都有所呈现：基础训练计划（6个训练项目）和标准训练计划（12个训练项目）。训练伊始，最好选择自己喜欢的固定器械，以及适合自己的时间进行训练。如果在训练过程中无法完成本书表格中提供的训练项目，可替换为其他项目进行训练。举个例子，你可以选择同类固定器械的其他练习项目（如自由重量器械训练），或者也可以选择不同抗阻器械的同种练习项目（如阻力带训练）。

无论选择哪种基本训练计划，训练伊始，所选择的训练负荷应为最大承受力量的60%~70%。所选择的训练负荷与练习重复次数之间关系密切，所以训练的时候，不需要给每个项目确定最大力量负荷。回顾第3章，大部分人在大部分练习中，训练负荷为最大承受力的70%时可完成12个重复动作，而为60%时可完成16次重复动作。记住这些数据，在你选择的训练项目中一一进行试验，最后确定出适合自己的训练负荷，在这个训练负荷下，如果努力的话可以完成12~15次重复动作。由此确定的负荷可以作为以后的训练负荷。用这个训练负荷进行训练，直到你可以完成16次重复动作。可以连续两组练习重复完成16次标准动作以后，就可以继续增加训练负荷了（每次增加5%）。

基础训练计划中的每个训练项目都会对应与之合适的训练负荷。如果时间允许，每个项目前都可以进行热身活动，热身活动所使用的负荷应该为训练负荷的50%~60%。训练过程中，也许你想将书中提及的一些或所有训练项目组成你的第二套训练。一定要注意所选择的重量应以能重复动作12~16次为佳。我们建议两套训练的训练负荷应该一致。

基础训练计划的特点是其中会有1~2套加强主要肌群的练习（如果愿意的话可以再增加一项热身运动）。60~90秒的休息间歇应该足以让你从上一项练习中恢复过来，而且还可以减少练习过程中所产生的肌肉劳损。训练时应该非常努力，但每组练习的最后一次重复动作不宜让自己完成得太过费力。训练至肌肉感到疲劳即可，到达这个疲劳点以后，即便你努力想再做一次动作也已经非常困难。

训练项目的选择

为基础训练计划挑选抗阻训练项目时，首先包括一组多肌肉推拉练习，即可以同时对推拉时用到的上身主要肌肉（胸大肌、三角肌前束、肱三头肌）进行锻炼。我们意识到肌肉不仅可以提拉，由此引起的相应的肌肉收缩还会产生推力（使之远离身体）。最佳上身推拉练习是器械推胸、杠铃卧推、哑铃卧推、阻力带推胸和自重俯卧撑。在本章中的基础力量训练计划中你会发现更多的上身推拉练习。

其次，包括一组多肌肉提拉练习，也可以同时对提拉时用到的上身主要肌肉（背阔肌、三角肌后束、肱二头肌、中斜方肌、长斜方肌）进行锻炼。但是提拉肌肉时，由此引起的肌肉收缩产生的是拉力（使之拉近身体）。最佳上身推拉练习是器械坐姿划船、器械拉力器下拉、单臂哑铃划船、阻力带坐姿划船和自重引体向上。在本章中的基础力量训练计划中你会发现更多的上身提拉练习。

最后，包括一种多肌肉推拉练习，可以同时锻炼臀部和大腿的主要肌肉（臀肌、股四头肌、腘绳肌）。因为臀部和大腿肌群组织独特的生物力学特性，股四头肌会拉伸膝关节，而另一侧的腘绳肌和臀会拉伸臀关节。这些看似对抗的肌群会相互合作，从而产生协调的腿部推力。同时锻炼这些大块肌群最有效的训练项目是器械坐姿蹬腿、杠铃深蹲、哑铃深蹲和阻力带深蹲。你会在本章中找到一项腿部推拉练习，这项练习在我们提及的所有的基础力量训练计划中都会出现。

尽管上身推拉运动、上身提拉运动和腿部推拉运动，这些我们刚才提到过的多肌肉训练都需要上身躯干具备一定程度的稳定性，但是选择训练项目的重点应该集中在核心肌肉（腹直肌、竖脊肌、腹外斜肌和腹内斜肌）上。腹直肌，尤其是腹肌，主要负责上体弯曲，最好的锻炼方式是器械腹部屈曲和自重卷腹。相反的，背部下面的竖脊肌主要负责上体伸展。对上述肌肉进行锻炼的最佳练习是器械下背伸展和自重躯干挺身。腹外斜肌和腹内斜肌一起作用，从而产生躯干顺时针旋转（右侧腹内斜肌和左侧腹外斜肌）和逆时针旋转（左侧腹内斜肌和右侧腹外斜肌）。强化这四块肌肉的最佳练习是器械躯干旋转和自重转体仰卧起坐。你可以在本章基础力量训练计划中找到这些关于核心肌肉的练习。

优先选择完上身、腿部和躯干主肌群的相关练习后，你应该针对其他肌群再增加一些相关训练项目，这些肌肉在之前的练习中得不到太多（或任何）的锻炼。举个例子，尽管在推拉练习中，例如卧推，肩部也能得到一些锻炼，但是在相关过头顶训练项目中，例如

机械式肩部推举、杠铃上斜卧推、哑铃卧推和阻力带卧推，肩部会得到更好的锻炼

同样，尽管之前提到过的推拉练习也能锻炼到肱三头肌，但在器械头后臂屈伸和哑铃仰卧臂屈伸练习中单独锻炼的时候会收到更好的效果。与之类似，之前提过的提拉练习也可以锻炼到肱二头肌，但是这些肌肉在器械双臂弯举、哑铃斜弯举和阻力带弯举练习中进行单独锻炼时会收到更好的效果。

如果可能的话，训练计划中应添加有关大腿主要肌群的相应训练项目。分别是大腿内侧的股直肌和大腿外侧的髋外展肌。全方位锻炼这些肌肉的最佳练习是器械坐姿髋外展和器械坐姿髋内收。本书已将这些训练项目收录于标准器械力量训练之中（参见计划9.2）。不幸的是，在自由重量训练计划中很难对这些肌肉单独进行锻炼，用阻力带也不易进行锻炼，所以在这些训练模式中没有髋部内收和髋部外展的相关训练项目。

我们希望基础训练计划中的每个训练项目都能对你的主肌群进行有效的锻炼与加强。当然，如果你能够完成其中一套标准训练计划，会发现标准训练计划综合性更强，因为这些训练项目比基础训练计划的训练项目要多出两倍（12个训练项目 vs. 6个训练项目）。

基础力量训练模式

正如之前所提到过的，本章涵盖两类训练计划：基础训练计划和标准训练计划。基础训练计划包括6个训练项目，可以对大部分主要肌群进行锻炼，所需的训练时间比标准训练计划要短。这些训练计划更适合刚开始进行锻炼和锻炼时间有限的练习者。如果你刚开始进行力量训练，参照第2章的力量评估，得出的平均成绩是5.0、5.3或5.6，那么我们建议你从时间较短的（基础锻炼）训练计划开始，锻炼一段时间感觉有自信以后，再进行综合性更强的训练。本章标准训练计划包括12个训练项目，比较适合具有训练经验的练习者，虽然他们力量评估的平均分数也是5.0、5.3或5.6。标准训练计划的练习会让你的运动经验更加全面丰富，但需要更长的训练周期。下面将对基础训练计划和标准训练计划进行详细介绍。

固定器械训练

计划9.1：基础训练计划

计划9.1包括6个训练项目，可以同时对大多数主要肌群进行锻炼。前4个训练项目属于线性运动，可以逐渐对腿部、上身和上臂大部分肌肉进行锻炼。后两个（旋转运动）练习主要针对腹部和下背部肌肉，而它们是核心力量的关键。

其实这6个训练项目形成了一个非常全面的训练计划，训练的部位包括大腿前侧、大腿后侧、臀部、胸部、上背部、肩部、前臂、后臂、颈部和上腹部（核心）。

如果能做完整套练习，应该需要12~15分钟的时间；如果再做一套前期的热身练习或者做两套完整的练习，那么会需要两倍的时间（24~30分钟）。按之前介绍的顺序做练习，先锻炼较大肌群，然后再锻炼较小肌群。推拉练习和提拉练习交替进行效果最佳。表格中列举了计划9.1中的训练项目，还有关于训练负荷的一般准则、重复次数、完成动作的组数、动作的速度和恢复时间。

计划9.1——固定器械训练（基础训练计划）

训练项目	肌群	页码
1. 坐姿蹬腿	股四头肌、腘绳肌、臀肌	56
2. 坐姿推胸	胸大肌、三角肌前束、肱三头肌	65
3. 坐姿划船	背阔肌、三角肌后束、肱二头肌、中斜方肌、菱形肌、大圆肌	73
4. 肩上推举	三角肌、肱三头肌、上斜方肌	68
5. 腹部屈曲	核心肌肉：腹直肌	62
6. 下背伸展	核心肌肉：竖脊肌	61

训练负荷	重复次数	组数	动作速度	恢复时间
最大承受力的60%~70%	12~16次	1~2组	4~6秒	60~90秒

固定器械训练

计划9.2：标准训练计划

计划9.2包括12个训练效果极佳的抗阻训练，用于锻炼最重要的主要肌群。其中有3个腿部训练项目，针对的是臀部和大腿的关键肌肉；6个上身训练项目，主要针对胸部、上背和臂部的主要肌肉的训练；3个核心肌肉训练项目，旨在锻炼后背和上腹部的肌肉。这些训练项目中5个是线性练习（直线运动），可以至少同时锻炼两个主要肌群，剩下的7个训练项目是旋转练习（曲线运动），主要针对特殊肌群的锻炼。

注意，这套训练计划主要是以相互对抗的肌群交替练习为顺序进行排列的。举个例子，推胸（上身推力练习）下面是坐姿划船（上身拉力练习）。与之类似，肩上推举（上身推力练习）下面是拉力器下拉练习（上身拉力练习）。同样地，针对后臂肌肉的头后臂屈伸下面紧接着是针对前臂肌肉的双臂弯举练习，针对前部核心肌肉的腹部屈曲练习下面接着是针对后部核心肌肉的下背伸展练习。通过这种练习模式的训练，可以相对有效地使肌肉达到全面而均衡发展的状态。

如果能完成计划9.2整套动作，用时将为24~30分钟。如果训练前再做一套热身练习，或者再做一套训练的话将会耗时48~60分钟。按照之前所说的顺序进行训练，从较大肌群开始，然后是较小肌群。下面表格呈现的是计划9.2的各训练项目、选择训练负荷的一般规则、重复次数、完成动作的组数、动作速度和恢复时间。

固定器械训练

计划 9.2——固定器械训练（标准训练计划）

训练项目	肌群	页码
1. 坐姿蹬腿	股四头肌、腘绳肌、臀肌	56
2. 坐姿髋内收	髋内收肌	58
3. 坐姿髋外展	髋外展肌	59
4. 坐姿推胸	胸大肌、三角肌前束、肱三头肌	65
5. 坐姿划船	背阔肌、三角肌后束、肱二头肌、中斜方肌、菱形肌、大圆肌	73
6. 肩上推举	三角肌、肱三头肌、上斜方肌	68
7. 拉力器下拉	背阔肌、肱二头肌、大圆肌	72
8. 头后臂屈伸	肱三头肌	78
9. 双臂弯举	肱二头肌	77
10. 腹部屈曲	核心肌肉：腹直肌	62
11. 下背伸展	核心肌肉：竖脊肌	61
12. 躯干旋转	核心肌肉：腹外斜肌、腹内斜肌，腹直肌	63

训练负荷	重复次数	组数	动作速度	恢复时间
最大承受力的 60%~70%	12~16 次	1~2 组	4~6 秒	60~90 秒

自由重量训练

计划9.3：基础训练计划

计划9.3包括4个基本自由重量训练项目和2个自重训练项目，主要用来训练最重要的主要肌群。4个自由重量训练项目是线性动作（直线运动），主要是针对最重要的肌肉进行训练，如腿部、胸部、上背部、肩部和臂部。两个自重训练项目是旋转动作，旨在锻炼腹部的主要肌肉。跟其他训练计划相同，这个训练计划也是推力和拉力练习交替进行，可以增强练习效果。

如果能做完整套练习，将会耗时12~15分钟。如果练习前再做一套热身练习或者把这个计划再做一遍的话，将会花费多一倍的时间（24~30分钟）。如果你更喜欢哑铃训练，你可以用哑铃练习代替深蹲、卧推和坐姿推举练习。你还可以在深蹲和单臂划船时使用壶铃。尽量遵循之前提到的练习顺序。下面表格所呈现的是计划9.3的各训练项目、选择训练负荷的一般准则、重复次数、完成动作的组数、动作速度和恢复时间。

计划9.3——自由重量训练（基础训练计划）

训练项目	肌群	页码
1. 杠铃或哑铃深蹲*	股四头肌、腘绳肌、臀肌	86, 84
2. 杠铃或哑铃卧推	胸大肌、三角肌前束、肱三头肌	104, 102
3. 哑铃单臂划船*	背阔肌、三角肌后束、肱二头肌、中斜方肌、菱形肌大圆肌	118
4. 杠铃站姿推举或哑铃坐姿推举	三角肌、肱三头肌、上斜方肌	114, 111
5. 自重转体仰卧起坐**	核心肌肉：腹直肌、腹外斜肌、腹内斜肌、髋屈肌、股直肌	142
6. 自重躯干挺身**	核心肌肉：竖脊肌	140

训练负荷	重复次数	组数	动作速度	恢复时间
最大承受力的60%~70%	12~16次	1~2组	4~6秒	60~90秒

*也可使用壶铃进行训练。

**自重训练：重复尽可能多的次数，直到目标肌肉感到疲劳为止。

自由重量训练

计划9.4：标准训练计划

　　计划9.4包括12个基本训练项目，可以锻炼大部分肌群；这与计划9.2的固定器械训练有些相似。腿部练习可以锻炼臀部和大腿的主要肌肉。9项上身练习强调对胸部、上背部、肩部和臂部主要肌肉的训练。2项自重核心肌肉训练旨在训练腹部和下背部肌肉。这个训练计划包括线性动作（直线运动）和旋转动作（曲线运动），其中直线运动可以至少同时作用于两个主要肌群，而曲线运动则可以对特殊肌群进行针对性锻炼。

　　注意，上身练习是按照交替作用对抗肌群的顺序进行锻炼的。举个例子，杠铃卧推（上身推拉练习）之后是哑铃单臂划船（上身提拉练习）。杠铃上斜卧推（也是上身推拉练习）之后是哑铃屈臂下拉（也是上身提拉练习）。针对胸部肌肉锻炼的哑铃胸部飞鸟之后是锻炼上背部肌肉的哑铃俯身飞鸟。锻炼前臂肌肉的哑铃斜卧推举之后是针对后臂肌肉锻炼的哑铃仰卧臂屈伸。同样的，针对腹部肌肉锻炼的自重转体仰卧起坐之后是锻炼下背部肌肉的自重躯干挺身。按照这种训练模式进行训练的话，你会更有效地提升整体肌肉水平。

　　如果能完成计划9.4的整套动作，将会耗时24~30分钟。如果在此之前再做热身练习或者整套动作再做一遍的话，耗时为48~60分钟。如果你更喜欢用哑铃进行训练的话，你可以用哑铃代替深蹲、卧推和上斜卧推练习中的杠铃。你也可以用壶铃代替深蹲、单臂划船、耸肩和提踵中的器械。如果按照之前建议的顺序进行训练的话，会达到最理想的效果。下面表格中展示的是计划9.4的各训练项目、选择训练负荷的一般准则、重复次数、完成动作的组数、动作速度和恢复时间。进行杠铃深蹲、杠铃卧推和杠铃上斜卧推时一定要确保有保护者从旁协助训练。

自由重量训练

计划9.4——自由重量训练（标准训练计划）

训练项目	肌群	页码
1. 杠铃或哑铃深蹲*	股四头肌、腘绳肌、臀肌	86, 94
2. 杠铃或哑铃卧推	胸大肌、三角肌前束、肱三头肌	104, 102
3. 哑铃单臂划船*	背阔肌、三角肌后束、肱二头肌、中斜方肌、菱形肌、大圆肌	118
4. 杠铃或哑铃上斜卧推	胸大肌、三角肌前束、肱三头肌	106, 108
5. 哑铃仰卧屈臂上拉	背阔肌、大圆肌、肱三头肌	116
6. 哑铃胸部飞鸟	胸大肌、三角肌前束、前锯肌	101
7. 哑铃俯身飞鸟	背阔肌、中斜方肌、菱形肌、肱三头肌	121
8. 哑铃坐姿推举	三角肌、肱三头肌、上斜方肌	111
9. 哑铃斜卧推举	肱二头肌	124
10. 哑铃仰卧臂屈伸	肱三头肌	128
11. 自重转体仰卧起坐**	核心肌肉：腹直肌、腹外斜肌、腹内斜肌、髋屈肌、股直肌	142
12. 自重躯干挺身**	核心肌肉：竖脊肌	140

训练负荷	重复次数	组数	动作速度	恢复时间
最大承受力的60%~70%	12~16次	1~2组	4~6秒	60~90秒

*可以用壶铃代替。

**自重训练：重复尽可能多的次数，直到目标肌肉感到疲劳为止。

自重、阻力带和健身球训练

计划9.5：基础训练计划

计划9.5是一项基础训练计划，其中包括多种练习方式和训练负荷。为了增加自重训练的训练强度，无论训练时是否使用健身球，只要增加每组练习的动作重复次数即可。阻力带训练不是依靠增加训练负荷来增加训练强度的练习，而是依靠拉伸橡皮圈或橡皮带来增加训练强度的练习（参见第4章论述）。与带有配重片的训练器械不同，使用自由重量器械和自重进行训练时需要克服重力进行上举，而阻力带会从延伸的各个方向逐渐增加训练阻力。阻力带和橡皮拉力器的厚度没有限制，各种厚度都可以，所以你就可以通过增加阻力带和橡皮拉力器的橡皮带厚度从而逐渐增加训练负荷。你应该以每个训练项目可以完成12~16次重复动作为标准，从而确定适合自己尺寸的阻力带或橡皮拉力器。能够以标准动作完成16次重复动作后，你就可以选择弹力更大、提供更大阻力的阻力带和弹力器了。

基础训练计划中的6个训练项目包括3个自重练习（俯卧撑、转体仰卧起坐、躯干挺身）和3个阻力带练习（深蹲、坐姿划船、坐姿推举）。这6个基础训练项目可以锻炼大部分主要肌群：首先，阻力带深蹲可以锻炼股四头肌、腘绳肌和臀肌。借助健身球进行自重俯卧撑，可以对胸大肌、三角肌前束、肱三头肌和前核心肌群进行针对性的锻炼。第4个训练项目阻力带坐姿推举，可以锻炼肩部、肱三头肌和上斜方肌。最后两个训练项目主要针对核心肌群：自重转体仰卧起坐旨在锻炼腹直肌和腹斜肌，自重躯干挺身旨在锻炼竖脊肌。

如果完成整套计划9.5的各项练习，应该会耗时12~15分钟。完成两套训练会让你的训练时间延长至24~30分钟。训练的时候最好按照之前建议的训练顺序进行，从较大肌群开始，然后是较小肌群，推拉与提拉运动交替进行，从而达到最佳的训练效果。以下表格展示的是计划9.5的各训练项目、选择训练阻力的一般准则、重复次数、完成动作的组数、动作速度和恢复时间。

自重、阻力带和健身球训练

计划9.5——自重、阻力带和健身球训练（基础训练计划）

训练项目	肌群	页码
1. 阻力带深蹲	股四头肌、腘绳肌、臀肌	138
2. 自重俯卧撑：健身球*	胸大肌、三角肌前束、腹直肌、肱三头肌	149
3. 阻力带坐姿划船	背阔肌、三角肌后束、肱二头肌、中斜方肌、菱形肌、竖脊肌	156
4. 阻力带坐姿推举	三角肌、肱二头肌、上斜方肌	152
5. 自重转体仰卧起坐*	核心肌肉：腹直肌、腹外斜肌、腹内斜肌、髋屈肌、股直肌	142
6. 躯干挺身：健身球*	核心肌肉：竖脊肌	141

训练负荷	重复次数	组数	动作速度	恢复时间
最大承受力的60%~70%	12~16次	1~2组	4~6秒	60~90秒

*自重训练：重复尽可能多的次数，直到目标肌肉感到疲劳为止。

自重、阻力带和健身球训练

计划9.6：标准训练计划

计划9.6包括12个训练项目，主要通过身体自重、阻力带和健身球进行训练。无论是否使用健身球，在做自重训练的时候，都应该尽可能地重复动作，直到目标肌肉感到疲惫为止。与其他自重训练项目相比，如引体向上，一些自重训练项目可能会因此需要增加动作重复次数，如仰卧起坐。与自重训练项目相比，弹力带和橡皮带训练项目会随着它们的伸展而逐渐增加更多的阻力。与跟重力相关的自由重量练习不同，弹力带和橡皮带从它们延展的任何方向都可以产生阻力，因此与此相关的训练项目更具多样性。弹力带和橡皮带不受厚度限制，你可以通过增加它们的厚度来增加练习阻力（参见第4章论述）。你选择的弹力带和橡皮带应该可以让你每套练习都可以重复动作12~16次。你在标准地完成16次重复动作后，可以选择厚度更大的弹力带和橡皮带，从而可以在练习中提供更大的阻力。

上面提到的12个训练项目中，有4个是阻力带训练项目，8个是自重抗阻训练项目（包括5个使用健身球的训练项目）。第一个训练项目是阻力带深蹲，主要针对大腿前侧和后侧肌肉。下面两个训练项目涉及自重和健身球，分别针对大腿后侧和大腿前侧肌肉。之后的3个是自重抗阻训练项目，主要侧重对上身推拉肌肉（训练凳屈臂支撑和俯卧撑）和上身提拉肌肉（臂屈伸弯举）的锻炼。还有3个阻力带训练项目，可以进一步刺激上身推拉肌肉（坐姿划船和卷腹）和上身提拉肌肉（坐姿推举）的锻炼。最后3个是自重抗阻训练项目，旨在对核心肌肉的前侧、两边和后侧（卷腹、躯干挺身和转体仰卧起坐）进行锻炼。

如果能完成整套计划9.6的各训练项目，耗时24~30分钟，如果做两套练习的话就会耗费多一倍的时间（48~60分钟）。建议按照之前提过的顺序进行练习，推拉和提拉练习交替进行，从较大肌群开始，然后是较小肌群的训练。下表主要展示计划9.6的各训练项目、选择阻力大小的一般准则、重复次数、完成的动作组数、动作速度和恢复时间。

自重、阻力带和健身球训练

计划9.6——自重、阻力带和健身球训练（标准训练计划）

训练项目	肌群	页码
1. 阻力带深蹲	股四头肌、腘绳肌、臀肌	138
2. 足跟后拉：健身球	腘绳肌、髋屈肌	136
3. 抬腿：健身球	股四头肌、髋屈肌、腹直肌	137
4. 自重训练凳屈臂支撑*	胸大肌、三角肌前束、肱三头肌、背阔肌、大圆肌	159
5. 自重臂屈伸*	胸大肌、三角肌前束、肱三头肌、背阔肌、大圆机	150
6. 自重俯卧撑：健身球*	胸大肌、三角肌前束、肱三头肌、腹直肌	149
7. 阻力带坐姿划船	背阔肌、三角肌后束、肱二头肌、中斜方肌、大圆肌	156
8. 阻力带坐姿推举	三角肌、肱三头肌、上斜方肌	152
9. 阻力带双臂弯举	肱二头肌	158
10. 卷腹：健身球*	核心肌肉：腹直肌	144
11. 躯干挺身：健身球*	核心肌肉：竖脊肌	141
12. 自重转体仰卧起坐*	核心肌肉：腹直肌、腹外斜肌、腹内斜肌、髋屈肌、股直肌	142

训练负荷	重复次数	组数	动作速度	恢复时间
最大承受力的60%~70%	12~16次	1~2组	4~6秒	60~90秒

*自重训练：重复尽可能多的次数，直至目标肌肉感到疲劳为止。

训练计划的进阶安排

无论选择哪种训练计划，都应该好好练习几周或几个月，在此过程中逐渐增加训练负荷（阻力）和训练组数，从而与逐渐增加的力量相适应。然而在一定的时期，你一定会遇到力量训练的停滞期。我们将力量停滞期定义为训练期里连续三周的时间，在此期间动作的重复次数不会有所增加。举个例子，如果训练负荷为75磅的情况下可以完成14次卧推，并持续了三周，但却再也无法完成第15次动作，那么很有可能就进入了力量停滞期。遇到力量停滞期时，应该对训练项目中的某些地方做出改变，而不是一成不变地继续训练。可以停止训练一周（如果之前一直努力训练）或者改变相关的生活方式，例如饮食和睡眠，以此改变进入力量停滞期的状况。对于其他情况，可能需要改变当前的基础训练计划，改为第10章中更为高级的训练模式，进一步刺激肌肉的发展和力量的增长。尽管第10章中的训练计划更具挑战性，但这些高级练习对于更高水平的肌肉发展也更为有效。

第 **10** 章

高级训练计划

你可能因为在第2章中的力量素质平均分达到6.0、6.3、6.6或7.0而直接来到这一章的高级训练计划，也可能因为你完成了一套第9章中提到的基础训练计划，才来到本章的高级训练计划。无论是哪种情况，你都应该认真遵循本章的训练计划。本章有两个固定器械高级训练计划、两个使用自由重量器械的训练计划以及两个使用自重、健身球或阻力带的训练计划。

不管选择哪个训练计划，最后确定的训练负荷应该为你一次能举起负荷的70%~80%。因为你选择的训练阻力和所能完成重复动作的次数之间是有必然联系的，所以有必要确定每一个训练项目所能承受的最大负荷是多少。回顾第3章，大部分练习者在负荷为最大承受值的80%时，可以重复动作8次，而训练负荷为最大值的70%时，可以重复动作12次。记住这一点，在每个练习中都进行相关实验，以确定最后的训练负荷，而这个负荷值应该是可以让你尽力时能重复动作8~11次。确定的这个负荷可以作为你暂时的训练负荷。用这个训练负荷一直训练到可以完成重复动作12次。可以连续两个练习都能以标准动作完成12次重复动作时，就可以提高训练负荷了（约5%）。用这种双重提高的方式可以减少训练时太快增加太多负荷的风险，从而可以在训练时有规律地增加训练负荷。

高级训练计划10.1、10.3和10.5属于高负荷、大运动量的训练模式，而这两套或三套训练计划的训练负荷是逐渐提高的。高级训练计划10.2、10.4和10.6属于交替练习模式，是高强度训练。这些训练要求两个连续针对目标肌群的练习之间的恢复时间不能太长。你会在计划10.2、10.4和10.6找到适合自己的训练计划，可以有效刺激肌肉的发展。

如果有时间，可以先做一组关于高级训练计划每个练习的热身运动。热身运动中使用的训练负荷应该为训练时使用负荷的50%~60%。如果你选择高级训练计划10.1、10.3和10.5中的项目进行多组练习，建议在连续两组相同练习之间休息90~120秒，因为这个时间长度可以让你的肌肉在艰苦力量训练后储存肌肉能量。但是如果你选择计划10.2、10.4、10.6的高强度训练，建议短暂休息即可（5~15秒；细节见表格下面），可以最大限度地提高练习的有效性。尽管不需要训练到肌肉的疲点（肌肉不能收缩时），但也不能在未感到肌肉疲惫时就停止训练。一般来说，你要一直训练，直到你确实无法按照标准要求重复动作为止。如果在重复动作的过程中，感到肌肉疲惫，停下来即可。感到肌肉疲惫后，不要再勉强自己继续按照标准要求再完成一次动作，这样会有受伤的风险。

防止进入力量停滞期

在训练初学者进行抗阻训练的前几周，应该相对快速地提升训练进阶。很多训练早期力量的提升得益于运动技能的学习，而运动技能对于神经肌肉促进技术十分重要，从而可以增强肌肉纤维募集、增加肌肉力。尽管在力量训练的前6~9个月，我们能够明显看到肌肉力量和尺寸的持续增长，但增长的速度会逐渐放缓，然后进入肌肉停滞期。这就是说，基础训练方案不再能促进力量大幅提升。不要失望，可以将此现象视为一个迹象，提醒自己在训练项目上做出适当改变，以此进一步促进力量的增长。尽管这会涉及一系列的训练因素，但想要成功过渡到高级力量训练，需要一个更具挑战性的训练计划。

加强刺激肌肉构建的方法之一就是增加训练量，通常是增加训练的组数。你会注意到计划10.1、10.3和10.5混合了不同训练计划的练习。

加强刺激肌肉构建的第二种方法是增加训练阻力，一般通过使用更高的训练负荷、减少动作次数达成。你会发现在计划10.1、10.3和10.5中，在增加负荷（最大承受力的70%~80%~90%）和减少重复次数（12~8~4次）上，涉及三套训练计划的各项练习。

提升练习效率的第三种方法是增加每套训练计划的训练强度或者肌肉输出力。计划10.2、10.4和10.6是通过高强度的训练技巧来进一步刺激肌肉的发展。

高强度力量训练

进行高强度训练最常见的方式是延长训练时间，训练之后再增加一些动作重复次数。举个例子，如果负荷60磅时能完成10次双臂弯举，在这组练习结束后，肱二头肌的力量已经有所减弱至少于60磅了。尽管你不能以训练负荷60磅继续重复动作，但是你的肱二头肌并不是精疲力竭了。如果立即将负荷减至50磅，你还可以再重复动作2~4次。我们把这些称为肌肉疲惫后的重复动作，因为在第一组双臂弯举练习中，60磅的训练负荷已经足以让你的肱二头肌感到疲惫。当你立刻以50磅的训练负荷继续重复动作时，你的肱二头肌会感到更加疲惫，因此会进一步促进肌肉的发展。

我们把这种高强度训练技巧称为衰竭训练，因为这种训练是以减少训练阻力来适应之前因训练而疲惫的肌肉降低的力量水平。除了能增强训练效果，2~4组疲惫后的重复动作也属高效的训练技巧，只需要10~20秒即可完成。

与此相类似的另一种增加训练强度的方法是预疲惫训练。与在训练后增加减负训练不同，预疲惫训练是在训练后立即进行下一组训练。第一组训练通过单一肌肉训练让肌肉感到疲惫，如10个针对股四头肌的坐姿腿屈伸。第二组训练通过多肌肉练习进一步刺激目标肌肉，如5个分别针对股四头肌、腘绳肌和臀肌的坐姿蹬腿。之前没有锻炼到的腘绳肌和臀肌会配合之前的股四头肌进行一些坐姿腿屈伸练习，从而进一步加深股四头肌的疲惫程度，进一步刺激肌肉力量的发展。除了有效且高效外，预疲惫训练还使用了两种不同的练习用以锻炼目标肌群，使之成为更加有趣、更加高效的高强度训练技巧。这是因为每种练习都会激活目标肌肉中不同提升力量的肌肉纤维，从而产生更加全面的调节效果。

不管是选择高负荷、大运动量的高级训练计划还是高强度、低运动量的高级训练计划，你的肌肉力量都会有很大程度的提升。参与者在两种训练中都收到了很好的效果，所以计划的选择完全取决于你的个人喜好。只要遵循抗阻训练关于安全和提升力量训练的规则（如超负荷、渐进性、恢复期）和训练的准则（如速度、范围、呼吸）即可。

高级力量训练模式

高级力量训练模式分别有固定器械训练、自由重量训练、自重和健身球训练以及阻力带训练。计划10.1、10.3和10.5都需要重复多组，训练时间更久。这些训练计划都属于高负荷、大运量练习模式。计划10.2、10.4和10.6都只需要重复1组，而且训练时间比较短。这些训练计划都属于低负荷、低运动量的练习模式，但计划里都是高强度练习。

固定器械训练

计划10.1：高负荷

计划10.1包括12个基本训练项目，训练最重要的主要肌群。第1个腿部训练项目是线性动作（直线运动），针对大腿前侧、大腿后侧和臀部的肌肉进行锻炼。下面2个腿部训练项目是旋转动作（弯曲运动），针对大腿内侧和大腿外侧的肌肉进行锻炼。接下来是4个上身练习，属于线性动作，可通过推拉与提拉动作的交替进行同时对两个或更多主要肌群进行锻炼。还有2个臂部训练项目针对对抗肌群的锻炼。最后3个训练项目是旋转动作，针对腹部的肌肉进行锻炼。你会注意到坐姿推胸（上身推拉练习）后面接着是坐姿划船（上身提拉练习）；而肩上推举（上身推拉练习）相伴随的是拉力器下拉（上身提拉练习）。头后臂屈伸（臂部后面的肌肉）后面紧接着是双臂弯举（臂部前面的肌肉）。同样地，腹部练习后面接着是下背部练习，通过向两侧旋转使两块腹斜肌都得到锻炼。对抗肌群的交替练习是平衡肌肉力量发展的有效方法。

计划10.1是混合训练模式，在一系列练习中逐渐提高训练负荷（最大承受力的百分比）。举个例子，如果你做两套练习，第1套使用的训练负荷应该约为最大承受力的70%，能够重复动作12次。第2套练习的训练负荷应该约为最大承受力的80%，重复动作8次。如果你选择做3套练习，那么第3套应该选择的训练负荷约为最大承受力的90%，完成动作4次。这是一种金字塔模式，在一系列的练习中，训练负荷越高，重复次数越少。我们把这种练习称为高负荷练习。

如果做两套练习，中间休息90秒，计划10.1耗时约1小时。如果增加第三套练习，那么会把训练时间延长至90分钟。下表所列的是计划10.1的练习顺序和有关训练负荷、重复次数、完成动作的组数、动作速度和恢复时间的具体训练信息。

固定器械训练

计划 10.1——固定器械训练（高负荷）

训练项目	肌群	页码
1. 坐姿蹬腿	股四头肌、腘绳肌、臀肌	56
2. 坐姿髋内收	髋内收肌	58
3. 坐姿髋外展	髋外展肌	59
4. 坐姿推胸	胸大肌、肱三头肌、三角肌前束	65
5. 坐姿划船	背阔肌、中斜方肌、菱形肌、肱二头肌、三角肌后束、大圆肌	73
6. 肩上推举	三角肌、肱三头肌、上斜方肌	68
7. 拉力器下拉	背阔肌、肱二头肌、大圆肌	72
8. 头后臂屈伸	肱三头肌	78
9. 双臂弯举	肱二头肌	77
10. 腹部屈曲	核心肌肉：腹直肌	62
11. 下背伸展	核心肌肉：竖脊肌	61
12. 躯干旋转	核心肌肉：腹外斜肌、腹内斜肌、腹直肌	63

训练负荷	重复次数	组数	动作速度	恢复时间
最大承受值的 70%~90%	4~12 次	2~3 组*	4~6 秒	90~120 秒

*如果做 2 组：第 1 组，最大承受力的 70%×12 次；第 2 组，最大承受力的 80%×8 次。

如果做 3 组：第 1 组，最大承受力的 70%×12 次；第 2 组，最大承受力的 80%×8 次；第 3 组，最大承受力的 90%×4 次。

固定器械训练

计划10.2：高强度

计划10.2属于高强度训练，包括12个训练项目，可以对大部分主要肌群进行锻炼。这套综合力量训练计划包括4个配对训练项目和4个独立训练项目。如果想让训练更具挑战性，你可以做针对大腿、胸部、上背部和肩部肌肉的配对训练项目。针对大腿的配对训练里第1个训练项目是旋转动作（卧式腿弯举），旨在锻炼腘绳肌。第2个训练项目是线性动作（坐姿蹬腿），是在之前未参与锻炼（精力充沛）的股四头肌和臀大肌的协助下对同一块（预疲惫）胸大肌的锻炼。在胸部配对训练里的第1个是旋转动作（坐姿夹胸），是针对目标肌群的训练（胸大肌）。第2个训练项目是线性动作（坐姿推胸），是在之前未参与训练的肱三头肌的协助下，对同一块（预疲惫）胸大肌的锻炼。在上背部配对练习中，第1个训练项目是旋转动作（屈臂下拉），是针对目标肌群（背阔肌）的锻炼。第2个训练项目是线性动作（拉力器下拉），是在之前未参与锻炼（精力充沛）的肱三头肌的协助下对同一块三角肌的锻炼。在肩部配对练习中，第1个训练项目是旋转动作（侧平举），是针对目标肌群（三角肌）的训练。第2个训练项目是线性动作（肩上推举），是在之前未参与锻炼（精力充沛）的肱三头肌的协助下对同一（预疲惫）三角肌的训练。有时这种训练被称为预疲惫训练，配对训练项目之间休息间歇相对较短（15秒），是最有效的训练方法。按照之前建议的顺序（先旋转动作再线性动作）会取得最佳的结果。

其中有3个与其他不同的高强度训练方案是我们所熟知的力竭训练。这个技术会运用于两套连续的相同练习中，两套练习之间的休息间歇只有5秒。第1套练习选择的训练负荷可以让你重复动作8~12次。第2套练习选择的训练负荷要比第1套减少约20%，在保证动作标准的情况下，尽可能多地重复动作。举个例子，如果训练负荷是50磅，完成10次双臂弯举之后肌肉开始感觉疲惫，那么立即将负荷减至40磅，然后尽可能多地重复动作（一般是4~6次）。这些增加的练习会使肌肉高度疲惫，你会发现力竭训练是提升肌肉发展最有效的训练方法。

因为高强度训练中的休息间歇相对较短，完成这套练习不会超过30分钟。下表展示的是计划10.2的练习顺序和有关训练负荷、重复次数、完成动作的组数、动作速度和恢复时间的具体训练信息。

固定器械训练

计划10.2——固定器械训练（高强度）

训练项目	肌群	页码
1. 卧式腿弯举（P-1）	腘绳肌	55
2. 坐姿蹬腿（P-1）	股四头肌、腘绳肌、臀肌	56
3. 坐姿夹胸（P-2）	胸大肌、三角肌前束	64
4. 坐姿推胸（P-2）	胸大肌、三角肌前束、肱三头肌	65
5. 屈臂下拉（P-3）	背阔肌、大圆肌、肱三头肌	70
6. 拉力器下拉（P-3）	背阔肌、肱二头肌、大圆肌	72
7. 侧平举（P-4）	三角肌	67
8. 肩上推举（P-4）	三角肌、肱三头肌、上斜方肌	68
9. 双臂弯举（B）	肱二头肌	77
10. 头后臂屈伸（B）	肱三头肌	78
11. 腹部屈曲（B）	核心肌肉：腹直肌	62
12. 下背伸展	核心肌肉：竖脊肌	61

训练负荷	重复次数	组数	动作速度	恢复时间
最大承受力的70%~80%	8~12次	1组（可变）	4~6秒	• 不同肌群练习之间的休息时间是60~90秒 • 相同肌群配对练习间的休息时间是15秒 • 力竭训练不同负荷练习之间的休息时间是5秒

P=配对练习
B=力竭训练

自由重量训练

计划10.3：高负荷

计划10.3是自由重量训练，包括12个训练项目，主要针对大部分主要肌群的锻炼。第1个腿部训练项目是线性杠铃动作，主要针对大腿前侧、大腿后侧和臀部肌肉的锻炼。第2个腿部训练项目是线性哑铃动作，也是针对大腿前侧、大腿后侧和臀部肌肉的训练，只是运动方式不同。第3个腿部训练项目是线性哑铃动作，旨在对小腿腓肠肌的锻炼。还有5个训练项目是通过交替锻炼的方式对上身关键肌肉进行锻炼。卧推（上身推拉练习）之后是单臂划船（上身提拉练习）。同样地，上斜卧推（上身推拉练习）之后是屈臂上拉（上身提拉练习）。最后一个上身练习是针对肩部和颈部肌肉的锻炼。还有2个训练项目是上臂的旋转动作，分别是针对肱二头肌的哑铃斜托弯举和针对肱三头肌的哑铃头后臂屈伸。这个训练方案最后2个训练项目是旋转动作，主要针对前核心肌肉（腹肌）和后核心肌肉（下背肌）。这个训练计划强调肌肉的均衡发展和练习的顺序，先从较大肌群开始，之后是较小肌群，从而会收到更好的训练效果。

计划10.3包括多样训练项目，是逐渐增加训练负荷（最大承受力的百分比）的训练方案。举个例子，如果你做了两组练习，第1组所用的训练负荷应该是最大承受力的70%，完成12次重复动作。第2组所选择的训练负荷应该约为最大承受力的80%，完成8次重复动作。如果你选择做第3组练习，那么选择的训练负荷应该是最大承受力的90%，完成4次重复动作。这是一种金字塔式的训练方案，在连续的练习中训练负荷逐渐增加而重复次数依次递减。我们把这种训练计划称为高负荷训练。一定要保证在逐渐增加负荷的练习之间休息恢复时间应该是90~120秒。

如果完成两组计划10.3的各训练项目，休息间歇是90秒，大概需要1小时的时间。如果再做第3组练习，会将训练时间延长至约90分钟。下表展示的是计划10.3的练习顺序和有关训练负荷、重复次数、完成动作的组数、动作速度和恢复时间的具体训练信息。

自由重量训练

计划10.3——自由重量训练（高负荷）

训练项目	肌群	页码
1. 杠铃深蹲	股四头肌、腘绳肌、臀肌	86
2. 哑铃箭步蹲*	股四头肌、腘绳肌、臀肌	89
3. 哑铃提踵*	腓肠肌、比目鱼肌	90
4. 杠铃卧推	胸大肌、三角肌前束、肱三头肌	104
5. 哑铃单臂划船*	背阔肌、三角肌后束、肱二头肌、中斜方肌、菱形肌、大圆肌	118
6. 杠铃上斜卧推	胸大肌、三角肌前束、肱三头肌	106
7. 哑铃仰卧屈臂上拉	背阔肌、肱三头肌、大圆肌	116
8. 哑铃站姿交替肩推举	三角肌、肱三头肌、上斜方肌	112
9. 斜托弯举	肱二头肌	125
10. 哑铃头后臂屈伸	肱三头肌	127
11. 自重转体仰卧起坐**	核心肌肉：腹直肌、腹外斜肌、腹内斜肌、髋屈肌、股直肌	142
12. 自重躯干挺身**	核心肌肉：竖脊肌	140

训练负荷	重复次数	组数	动作速度	恢复时间
最大承受力的70%~90%	4~12次	2~3组***	4~6秒	90~120秒

* 也可以使用壶铃进行训练。

** 自重训练：重复尽可能多的次数，使目标肌肉感到疲劳为止。

*** 如果做2组练习：第1组，最大承受力的70%×12次；第2组，最大承受力的80%×8次。

如果做3组练习：第1组，最大承受力的70%×12次；第2组，最大承受力的80%×8次；第3组，最大承受力的90%×4次。

自由重量训练

计划10.4：高强度

计划10.4是高强度训练，包括12个训练项目，是对大部分主要肌群的锻炼。这套均衡的力量训练计划含有8个配对训练项目和4个独立训练项目。如果想让训练效果更加明显，你需要做针对大腿、胸部、上背和肩部肌肉的相关练习。在针对大腿的配对训练里，第1个训练项目是杠铃（线性）运动，是针对股四头肌、腘绳肌和臀肌的训练，接着是哑铃（线性）运动，是为了进一步加强对同一肌群的锻炼。在胸部配对练习中，第1个训练项目是旋转运动（哑铃胸部飞鸟），是针对目标肌群的锻炼（胸大肌）。第2个训练项目是线性运动（杠铃卧推），是在之前未参与训练的（精力充沛的）肱三头肌的协助下，针对同一块（预疲惫）胸大肌的锻炼。在上背配对练习中，第1个训练项目是旋转运动（哑铃屈臂上拉），旨在对目标肌肉（背阔肌）的锻炼。第2个训练项目是线性运动（哑铃单臂划船），是在之前未参与训练的（精力充沛的）肱二头肌的协助下，针对同一块（预疲惫）背阔肌的训练。在肩部配对练习中，第1个训练项目是旋转运动（哑铃侧平举），是针对目标肌肉（三角肌）的训练。第2个训练项目是线性运动（哑铃坐姿推举），是在之前未参与训练的（精力充沛的）肱三头肌的协助下，针对同一块（预疲惫）三角肌的锻炼。有时我们把这类训练称为预疲惫训练，是配对练习间休息较短（15秒）的最为有效的训练方式。按照之前建议的顺序（先旋转运动再线性运动的顺序）进行训练，效果最佳。

计划10.4中有两个采用高强度模式的力竭练习。这个技巧需要两个连续相同的训练项目之间只有5秒的休息时间。第1组选择的负荷能够让你完成8~12次重复动作。下一组会减少大约20%的训练负荷，以尽可能多地重复动作。举个例子，如果使用25磅的哑铃做10个哑铃斜卧推举之后肌肉感到疲惫，那么立即换成20磅的哑铃，然后尽可能多地重复动作（一般是4~6次）。连续几组练习会让肌肉高度疲惫，你会发现力竭训练是促进肌肉发展非常有效的方式。

因为休息时间相对较短，完成整套计划10.4的训练项目不会超过30分钟。下表呈现的是计划10.4的练习顺序和有关训练负荷、重复次数、完成动作的组数、动作时间和恢复时间的具体训练信息。

自由重量训练

计划10.4——自由重量训练（高强度）

训练项目	肌群	页码
1. 杠铃深蹲（P-2）	股四头肌、腘绳肌、臀肌	86
2. 哑铃蹬台阶（P-1）	股四头肌、腘绳肌、臀肌	88
3. 哑铃胸部飞鸟（P-2）	胸大肌、三角肌前束、前锯肌	101
4. 杠铃卧推（P-1）	胸大肌、三角肌前束、肱三头肌	104
5. 哑铃仰卧屈臂上拉（P-2）	背阔肌、肱三头肌、大圆肌	116
6. 哑铃单臂划船（P-1）	背阔肌、三角肌后束、肱二头肌、中斜方肌、菱形肌、大圆肌	118
7. 哑铃侧平举（P-2）	三角肌	110
8. 哑铃坐姿推举（P-1）	三角肌、肱三头肌、上斜方肌	111
9. 哑铃斜卧推举（B-3,1）	肱二头肌	124
10. 哑铃仰卧臂屈伸（B-3,1）	肱三头肌	128
11. 自重转体仰卧起坐（1）	核心肌肉：腹直肌、腹外斜肌、腹内斜肌、髋屈肌、股直肌	142
12. 自重躯干挺身*	核心肌肉：竖脊肌	140

训练负荷	动作重复次数	组数	动作速度	恢复时间
最大承受力的70%~80%	8~12次	1组（可变）	4~6秒	• 针对不同肌群的练习之间的恢复时间是60~90秒 • 针对相同肌群的练习之间的休息时间是15秒 • 力竭训练之间的休息时间是5秒

P=配对练习

B=力竭训练

*自重训练：重复尽可能多的次数，使目标肌肉感到疲劳为止。

阻力带训练

计划10.5：高负荷

　　计划10.5是阻力带训练，包括9个训练项目，主要针对大部分主要肌群的锻炼。第1个训练项目是线性运动，针对大腿前侧、大腿后侧和臀部肌肉的锻炼。还有6个推拉与提拉交替进行的训练项目，主要是针对上身和臂部的锻炼。推胸后面是针对上背肌对抗肌肉的坐姿划船。下面两个是针对肩部肌肉锻炼的练习，第1个是在肱三头肌的协助下进行，第2个是在肱二头肌的协助下进行。这两个旋转臂部练习旨在针对肱三头肌和肱二头肌进行训练。计划中最后两个训练项目是上身阻力练习，主要针对前核心肌肉（腹部肌肉）和后核心肌肉（下背肌）的锻炼。这是一种均衡训练方案，先从较大肌群进行锻炼，然后是较小肌群，从而获得更好的训练效果。

　　跟计划10.1和计划10.3一样，这种训练方案包括多组练习，在一系列练习中逐渐提高训练负荷（最大承受力的百分比）。举个例子，如果你想做两组练习，第1组选择的阻力带阻力应该为最大承受力的70%，能够完成12次重复动作。第2组应该选择更厚更粗的阻力带，阻力应该约为最大承受力的80%，能够完成8次重复动作。如果你还想做第3组练习，那么应该选择阻力更大的阻力带，约为最大承受力的90%，完成4次重复动作。这是一种金字塔式训练方案，在练习中训练负荷越大，重复次数则越少。我们把这种训练称为高负荷训练。随着阻力逐渐增加，一定要确保在练习之间有90~120秒的休息时间。

　　完成两组计划10.5的各训练项目，加上中间休息90秒，应该需要45分钟的时间。如果再增加第3组练习，那么训练时间会延长至65~70分钟。下表呈现的是计划10.5的练习顺序和有关训练负荷、重复次数、动作完成的组数、动作速度和恢复时间的具体训练信息。

阻力带训练

计划 10.5——阻力带训练（高负荷）

训练项目	肌群	页码
1. 阻力带深蹲	股四头肌、腘绳肌、臀肌	138
2. 阻力带站姿推胸	胸大肌、三角肌前束、肱三头肌	148
3. 阻力带坐姿划船	背阔肌、三角肌后束、肱二头肌、中斜方肌、菱形肌、大圆肌	156
4. 阻力带坐姿推举	三角肌、肱三头肌、上斜方肌	152
5. 阻力带垂直划船	三角肌、肱二头肌、上斜方肌	155
6. 阻力带单臂肱三头肌伸展	肱三头肌	160
7. 阻力带双臂弯举	肱二头肌	158
8. 自重转体仰卧起坐 *	核心肌肉：腹直肌、腹外斜肌、腹内斜肌、髋屈肌、股直肌	142
9. 自重躯干挺身 *	核心肌肉：竖脊肌	140

训练负荷	动作重复次数	组数	动作速度	恢复时间
最大承受力的 60%~90%	4~12 次	2~3 组 **	4~6 秒	90~120 秒

* 自重训练：重复尽可能多的次数，直到目标肌肉感到疲劳为止。

** 如果做 2 组练习：第 1 组，最大承受力的 70%×12 次；第 2 组，最大承受力的 80%×8 次。

如果做 3 组练习：第 1 组，最大承受力的 70%×12 次；第 2 组，最大承受力的 80%×8 次；第 3 组，最大承受力的 90%×4 次。

自重和健身球训练

计划10.6：高强度

计划10.6属于高级力量训练，在高强度训练模式中以自重作为训练阻力，共包括11个训练项目，主要针对大部分主要肌群的锻炼。其中4个是健身球训练项目，3个可以用也可以不用健身球的训练项目，4个自重训练项目。可以使用尺寸合适的健身球进行靠墙深蹲、抬腿和足跟后拉练习，对臀部和大腿部肌肉进行锻炼，用手臂走步练习锻炼上背推肌。可以使用健身球进行俯卧撑（上身肌肉）、卷腹（腹部肌肉）和躯干挺身（下背肌），进一步锻炼腹部肌肉，如果愿意的话，还可以用其进行臂屈伸、引体向上、俯卧撑、训练凳屈臂支撑和手臂走步来增加对上身肌肉的锻炼，而卷腹、躯干挺身和转体仰卧起坐主要针对核心肌群进行锻炼。

使用外阻力训练法时（使用固定器械、自由重量器械、阻力带），你可以将旋转练习和线性练习配对进行，从而使预疲惫训练效果更佳。使用内部阻力（自重）很难达到同样的效果，因为大部分自重练习是线性运动。同样的，使用外部阻力可以在肌肉达到疲劳点时，减轻训练负荷，从而达到力竭训练的最佳效果。然而，当进行混合自重练习时，就很难做到这一点了。最后，我们建议在增加自重训练强度时，可以找一个特殊的方法。

进行高级自重训练时，应该跟进行基础训练计划时一样，可以使用健身球、阻力带进行训练，尽可能多并且标准地重复动作，以让肌肉达到疲劳点。在短暂休息（5秒）之后，你可以将运动幅度缩小一半，然后尽可能多地继续重复动作。这是力竭训练技巧的一种变化，不是在继续训练时减少训练负荷，而是缩小运动幅度进行一些预疲惫动作重复。举个例子，如果完成8个标准的引体向上后，肌肉感到疲惫（下颚高过杠杆），休息5秒钟，然后降低引体向上的高度（下颚平行于杠杆），尽可能多地重复动作。

这种高强度训练技巧可以很好地运用于自重腿部练习（靠墙深蹲、抬腿、足跟后拉）、自重上身练习（臂屈伸、引体向上、俯卧撑、训练凳屈臂支撑和手臂走步）。用这一技巧进行自重核心肌肉的练习（卷腹、躯干挺身、转体仰卧起坐）可能有些勉强，但也可以收到同样良好的效果。

因为休息时间相对较短，完成加长自重和健身球训练项目的话，需要22~33分钟的时间。下表呈现的是计划10.6的练习顺序和有关训练负荷、重复次数、完成动作的组数、动作速度和恢复时间的具体训练信息。

自重和健身球训练

计划10.6——自重和健身球训练（高强度）

训练项目	肌群	页码
1. 靠墙深蹲*	股四头肌、腘绳肌、臀肌	135
2. 抬腿*	股四头肌、髋屈肌、腹直肌	137
3. 足跟后拉*	腘绳肌、髋屈肌	136
4. 自重臂屈伸	胸大肌、三角肌前束、肱三头肌	150
5. 引体向上	背阔肌、肱二头肌、大圆肌、三角肌后束	154
6. 俯卧撑*	胸大肌、三角肌前束、肱三头肌、腹直肌	149
7. 卷腹*	核心肌肉：腹直肌	144
8. 训练凳屈臂支撑	肱三头肌、胸大肌、三角肌前束	159
9. 躯干挺身*	核心肌肉：竖脊肌	140
10. 手臂走步*	肱三头肌、胸大肌、三角肌前束	162
11. 转体仰卧起坐	核心肌肉：腹直肌、腹外斜肌、腹内斜肌、髋屈肌、股直肌	142

训练负荷	动作重复次数	组数	动作速度	恢复时间
自重训练	重复尽可能多的次数，直到目标肌肉感到疲惫为止	1组（可变）	4~6秒	60~90秒

*可用健身球进行练习。

训练项目的延续

恭喜你能完成本章提到的至少一套高级训练计划。现在可以考虑继续进行你喜欢的计划，但可能会有一些小的变动，例如改变一些训练项目或者训练负荷与动作重复次数的关系。你也可能考虑尝试其他高级训练计划。举个例子，如果现在进行的是高强度训练计划，可能会想尝试高负荷训练计划，反之亦然。只要确保不管你选择什么训练模式，都能按照建议的训练负荷（最大承受力的60%~90%）和重复次数范围（4~16次）来完成训练，让肌肉达到疲劳点。如果采用了本书提供的训练规则，就能不断激发自身肌肉发展的潜力，不断促进自身肌肉的发展。

第 **11** 章

特定运动的训练计划

　　许多年过50的练习者都会参加各种不同的体育运动，本书作者也一样。如果和我们一样，那么你一定很认真看待自己的表现，并且努力在每一项运动上做到最好。虽然有一些高级运动员仍然坚持一些团体运动，如足球、冰球、篮球和垒球，但是大多数人现在改为个体或合作活动。本章将介绍一些特殊的力量训练项目，以提升人们在一些运动中的表现：跑步、自行车、游泳、滑雪、网球和高尔夫。

　　我们在主要改进运动状况的力量训练上采取了一种双重方法。第一是帮助人们避免运动受伤，这通常是由力量不均匀和肌肉不平稳问题引起的；第二是提供一些用于强化肌肉、并且在运动中最常见的练习。要注意第一个目标，它是我们的主要关注点，冲刺运动一般要加强大腿前面的股四头肌，而不是大腿后面的腘绳肌。如果股四头肌与对应的腘绳肌力量比例不恰当，那么腘绳肌受伤的概率就会增加。相反，长跑运动一般需要加强腘绳肌，而不是股四头肌，从而导致股四头肌受伤的概率会变高。因此，我们鼓励短跑运动员加强腘绳肌的力量和拉伸训练，以减少腘绳肌受伤的概率，而且我们鼓励长跑运动员加强股四头肌的力量和拉伸训练，以降低股四头肌受伤的概率。

　　小腿后侧肌肉（腓肠肌和比目鱼肌）在跑步中使用频率也很高。由于它们会参与到每一个跑步动作中，因此许多人认为跑者应该关注腿肚肌肉的力量训练。事实上，他们应该这样做，但是加强相对较弱的胫骨肌肉也一样重要。如果只加强较大和较强的腿肚肌肉，那么最终它们的力量将大幅超过较小和较弱的胫骨肌肉，这可能会导致胫纤维发炎、应力性骨折和跟腱问题。按照这种概念，我们建议跑者在每一次力量训练动作结束时做一组负重脚趾抬举动作来强化胫骨肌肉，以及保持腿部低位肌群组织的骨肉平稳性。

　　对运动中最突出（发起原动力）的肌肉进行训练是很重要的，因为这会加强这些肌肉的运动表现爆发力。大多数运动的成功最终都与运动表现爆发力有关，它等于肌肉力量和运动速度的乘积。

　　运动表现爆发力=肌肉力量 × 运动速度

增加运动速度涉及复杂的神经肌肉活动和技术训练项目，但它们不属于本书阐述范围。另外，增加肌肉力量则相对较为简单，这个过程可以通过执行前面章节所介绍的力量训练原则、协议和流程而达到最佳效果。随着力量的增加，你会自然地开发出提升个人能力的工具，从而增加肌肉力量并实现更好的表现。

一定要在强化和拉伸运动中使用较少的肌肉，才能降低受伤的风险；此外，也一定要强化和拉伸主动力肌肉，才能提高最终的表现力。因此，遵循适合所有主要肌群的合理力量训练计划是很重要的。这可以帮助人们避免受伤和提升运动的总体表现。

例如，在我们的高尔夫研究中，针对所有肌肉状况的相对简洁但又全面的方法可以产生许多意料之中和意料之外的正面效果。除了增加肌肉力量、表现力和杆头速度，高尔夫运动员发现，他们还可以以更快的频率和花更长的时间去打高尔夫球，而不会疲劳。最重要的是，只要持续进行力量训练计划，没有任何一位高尔夫身体训练参与者（包括之前受过伤的）反映出现与高尔夫有关的受伤现象。

在本章中，我们将介绍专门针对跑步、自行车、游泳、滑雪、网球和高尔夫等运动的力量训练计划。虽然这些练习和训练计划在各种活动中有一定的差别，但是这些计划在所有的主要肌群上的执行方式都非常适合保证总力量、肌肉平衡和增强表现力。你将会学习到各个主要肌肉是如何参与各项运动的，以及如何对它们进行正确的训练，从而实现综合力量发展和提升运动表现。

跑者的力量训练

长跑运动是一项非常棒的运动，有几百万人参与各种级别的比赛性和娱乐性跑步运动。无论你喜欢在家旁边慢跑，还是接受专业训练参加马拉松比赛，长跑运动都是一项非常高效的有氧运动。可是，长跑运动对于肌肉骨骼系统没有任何好处，而且跑步运动员受伤的概率非常高。运动医学中相对较新的领域的出现，很大程度都是因为20世纪70年代跑步运动兴起后出现了大量与跑步相关的受伤现象。

跑步涉及大量的接触，但是它只是与路面接触，而不与其他运动员接触。跑步中每一步都会给足部、脚踝、膝盖和髋关节施加3倍于身体体重的重量。这些重力也会给后背肌肉和关节造成压力。重复重压会给减震组织造成微创伤。在理想情况下，这些组织会在24小时内完全恢复。然而，有很多因素可能影响其正常恢复过程，最终导致组织弱化和受伤。这些因素包括较长运动时间、较快步频、运动间恢复时间较短、下山跑步、硬地面跑步、频繁跑步、不良营养习惯、睡眠模式意外变化和鞋子质量不好，它们可能单独或一起影响跑步恢复过程，从而导致受伤。

当然，你可以采取一些措施减少组织创伤，降低因为跑步受伤的风险。这些预防措施包括逐步增加训练强度和距离、选择松软地面和平整地形的跑步路线、控制比赛数量，以及仔细注意正确的营养和睡眠。选择跑步鞋时获得指导的重要性也是不可忽视的。

然而，降低组织创伤的最有效手段是具备更强健的肌肉、肌腱、筋膜、韧带和骨骼。这是每一位定期参加力量训练计划的跑者应该重视的主要原因。这可以参照我们对美国马萨诸塞州Notre Dam高中女子越野和田径队的4年力量训练项目的研究结果。在这个研究中，30位长跑运动员在越野和田径比赛间歇的夏季和冬季期间参与了基础和短期的力量训练计划。他们在每周一、周三、周五进行30分钟的力量训练计划，其中包含每一个主要肌群的训练。在这些年里，越野和田径队每年都赢得马萨诸塞州和新英格兰州冠军。更重要的是，在这4年时间里，只有一位运动员出现过伤病，从而导致他缺席了一次训练。

力量训练的好处

合理的力量训练计划会带来以下许多的好处。

- 提高肌肉力量。
- 提高肌忍耐力。
- 提高关节弹性。
- 优化身体结构。
- 降低受伤风险。
- 提升自信心。
- 提升运动经济性。

虽然前6个力量训练好处很好理解，但是最后一个提升运动经济性则有一些难懂。美国新罕布什尔大学的另一项研究发现，参加力量训练计划的女子越野运动员在跑步经济上要明显优于未参加抗阻训练的队友。她们在最高跑步速度以内的耗氧要少4%，这意味着她们比以前跑步效率更高，跑步速度更快。

跑者的问题

尽管有很多好处，但实际上几乎很少有跑步运动员定期进行力量训练，这一直是个难以理解的现象。或许，下面4个现象是影响跑步运动员参加力量训练的原因：体重增加、移动速度减慢、跑步姿态变形以及肌肉疲劳。下面我们详细分析这几个问题。

体重增加 很少有定期进行力量训练计划的人有可能练出大块的肌肉。长跑运动员更是如此，他们一般只有消瘦型的体格。力量训练会提高力量和耐力，但是不会导致体重上升或肌肉增大。

　　移动速度减慢　关于跑步速度，我们的研究及其他相关研究表明，力量增大的结果是提高移动速度。我们只需要看一些短跑运动员和中距离跑步运动员就知道，力量训练会对跑步速度带来正面影响，因为几乎所有运动员都会定期进行力量训练。

　　跑步姿态变形　跑步要求双腿和双手协调工作，二者缺一不可。右手与左脚运动方向相反，而左手与右脚的运动方向相反，每一次动作都相互平衡。这就是为什么手臂摆动速度慢时不可能跑快，或者跑步速度慢时手臂不可能摆动快。通过提高上肢肌肉力量，你就可以更高效地在手脚之间分配运动力量，从而优化跑步姿态。

　　肌肉疲劳　高强度力量训练可能导致严重的肌肉疲劳现象，从而可能影响跑步的质量和距离。因此，推荐进行一些不会引起疲劳的相对简单的力量训练。记住，你是通过力量训练来提高跑步表现，而不是成为举重比赛运动员。针对跑者的力量训练计划只包含一组或两组针对主要肌群的练习，它不会占用很多的时间，也不会造成很严重的疲劳。此外，还要选择在一周内只进行一天或两天的力量训练，这样就不太可能引发肌肉疲劳问题。

为跑者设计的计划

　　前面提到的高中女子越野和田径运动员所用的力量训练计划是一种全面的身体训练计划，它可以锻炼到所有重要肌群。这个计划并没有模仿特定的跑步动作或强调特定的跑步肌肉；相反，它只专注于平衡肌肉力量的训练，以降低受伤风险和提升跑步表现。

　　有些人认为，跑者应该完成大量重复的轻量抗阻练习，以增加他们的耐力。然而，这并不是力量训练的目标。记住，跑步最适合用来改进心肺耐力，而力量训练则最适合用来增强肌肉骨骼的力量。

　　肌肉力量可以通过1~5次重复的负重训练（90%~100%的最大承受力）而得到最大提升。这种力量训练特别适合举重比赛运动员，它们一般具有很高比例的快速收缩肌肉纤维。然而，不建议长跑运动员进行高强度负重训练。相反，长跑运动员通常有更高比例的慢速收缩肌肉纤维，他们更适合进行较轻量负荷（60%~70%的最大承受力），每一组可以重复12~16次。当你能够在连续两组练习中完成16次重复训练时，再给训练负荷增加1~5磅。每一种训练完成1~2组，就足够产生预期的力量开发效果。

　　要以慢速节制的方式重复动作，这样做可以最大化肌肉力量和减小动量，从而产生更好的训练效果，同时减少受伤的可能性。每一次重复都应该持续4~6秒（每一次抬举动作持续2~3秒，每一次放下动作持续2~3秒）。我们建议，每周间断地训练2次或3次即可。每一次重复动作时都要呼吸，因为闭气会限制血液流动，从而导致血压升高。推荐的呼吸模式是在每一次抬举动作时呼气，然后在每一次放下动作时吸气。

针对跑者的力量训练

跑者可以通过执行各种练习来开发力量和耐力，包括使用固定器械、自由重量器械或自重和阻力带进行训练等。表11.1~表11.3列出了我们推荐给跑者的力量练习，以及在训练中应该遵循的顺序。

表11.1 跑者的力量训练：固定器械训练

训练项目	肌群	页码
1. 坐姿蹬腿	股四头肌、腘绳肌、臀肌	56
2. 提踵	腓肠肌、比目鱼肌	60
3. 坐姿夹胸	胸大肌、三角肌前束	64
4. 屈臂下拉	背阔肌、大圆肌	70
5. 侧平举	三角肌	67
6. 助力引体向上	背阔肌、肱二头肌、大圆肌、三角肌后束	74
7. 助力臂屈伸	胸大肌、三角肌前束、肱三头肌	76
8. 腹部屈曲	核心肌肉：腹直肌	62
9. 下背伸展	核心肌肉：竖脊肌	61
10. 躯干旋转	核心肌肉：腹内斜肌、腹外斜肌、腹直肌	63
11. 颈部伸展和前屈	颈屈肌、颈伸肌	81，82

训练负荷	重复次数	组数	重复速度	恢复时间
最大承受力的60%~70%	12~16次	1~2组	4~6秒	60~90秒

使用固定器械、自重或阻力带进行训练的跑者都应该考虑在每一组练习结束时加一组负重脚趾抬举动作，如第198页图11.1所示。这个简单的练习可以加强胫骨肌肉（胫前肌）的力量，保持腿部低位肌肉的平衡性，同时减少发生外胫夹的风险。

跑者力量训练小结

跑者力量训练计划的主要目标是降低受伤概率，同时增加肌肉强度和提高跑步成绩。这些训练的时间应该相对短一些，但是要有一定的力量要求。每一个主要肌群执行一组重复12~16次的训练，就可以提供一种安全高效的练习体验。每周执行2~3次训练就足够了。每一次训练应该持续25~50分钟，具体取决于所执行的训练组数。

表11.2 跑者的力量训练：自由重量训练

训练项目	肌群	页码
1. 杠铃或哑铃深蹲	股四头肌、腘绳肌、臀肌	86，84
2. 杠铃或哑铃提踵	腓肠肌、比目鱼肌	92，90
3. 杠铃或哑铃卧推	胸大肌、三角肌前束、肱三头肌	104，102
4. 哑铃俯身划船	背阔肌、小圆肌、菱形肌、中斜方肌、肱二头肌、三角肌后束	120
5. 哑铃坐姿推举	三角肌、上斜方肌、肱三头肌	111
6. 哑铃斜托弯举	肱二头肌	125
7. 哑铃仰卧臂屈伸	肱三头肌	128
8. 自重卷腹*	核心肌肉：腹直肌	144
9. 自重躯干挺身*	核心肌肉：竖脊肌	140
10. 自重转体仰卧起坐*	核心肌肉：腹直肌、腹内斜肌、腹外斜肌、髋屈肌、股直肌	142
11. 哑铃或杠铃耸肩	上斜方肌	133，132
12. 负重脚趾抬举	胫前肌	198

训练负荷	重复次数	组数	重复速度	恢复时间
最大承受力的60%~70%	12~16次	1~2组	4~6秒	60~90秒

*自重训练：重复尽可能多的次数，使目标肌肉感到疲劳为止。

表11.3 跑者的力量训练：自重和阻力带训练

训练项目	肌群	页码
1. 靠墙深蹲：健身球*	股四头肌、腘绳肌、臀肌	135
2. 健身球足跟后拉*	腘绳肌、髋屈肌	136
3. 健身球抬腿*	股四头肌、髋屈肌、腹直肌	137
4. 自重俯卧撑*	胸大肌、三角肌前束、肱三头肌、腹直肌	149
5. 阻力带坐姿划船	背阔肌、大圆肌、菱形肌、中斜方肌、肱二头肌、三角肌后束	156
6. 阻力带坐姿推举	三角肌、上斜方肌、肱三头肌	152
7. 自重引体向上*	背阔肌、肱二头肌、大圆肌、三角肌后束	154
8. 自重臂屈伸*	胸大肌、三角肌前束、肱三头肌	150
9. 自重卷腹*	核心肌肉：腹直肌	144
10. 自重躯干挺身*	核心肌肉：竖脊肌	140
11. 自重转体仰卧起坐*	核心肌肉：腹直肌、腹内斜肌、腹外斜肌、髋屈肌、股直肌	142
12. 阻力带耸肩	上斜方肌	163

训练负荷	重复次数	组数	重复速度	恢复时间
最大承受力的60%~70%	12~16次	1~2组	4~6秒	60~90秒

*自重训练：重复尽可能多的次数，使目标肌肉感到疲劳为止。

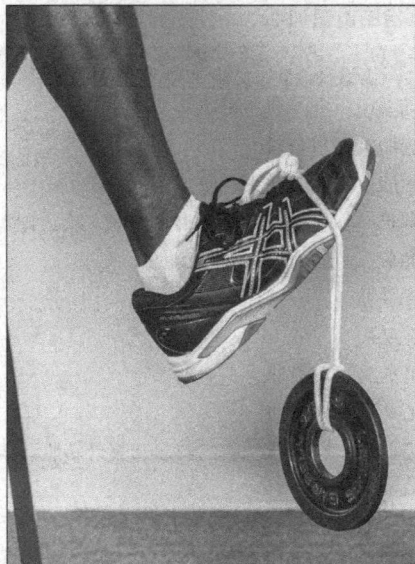

图11.1 负重脚趾抬举

　　实现高效力量训练的关键是采用正确的训练方法，其中包括通过全面动作和受控的方式去执行训练动作。一定要保证摄入足够的热量，以支撑各种身体活动；要额外补充的蛋白质和饮用大量的水。最后，还要保证至少8小时的夜间睡眠时间，这样才有足够的能量和激情去完成每一个训练项目。在坚持这些推荐的训练项目几个月时间后，你就可能有40%~60%的力量增长，跑步表现也会得到相应的提升。

练习选择	加入合适的练习逐步锻炼主要肌群。
训练负荷	采用60%~70%的最大承受力作为训练负荷。
重复次数	完成12~16次受控重复次数。
进阶	在连续2组活动中完成16次重复动作后增加5%的负荷。
组数	每一项练习完成1~2组。
动作速度	以中等速度完成每一个动作，抬起用时2~3秒，放下用时2~3秒。
动作幅度	以相对较完整的动作幅度执行每一次练习。
训练频率	每周完成2~3次练习。

自行车运动员的力量训练

　　自行车是一种能效极高的机器，而骑自行车是一个非常不错的增强心肺耐力的活动。与跑步类似，自行车运动员一样会运用腿部肌肉发力。与跑步运动不同的是，自行车运动员并不是用脚、腿和后背发出蹬地力量，因此可以减小重大受伤风险。但是，与其他重复性运动类似，自行车运动对不同肌肉产生的压力各不相同，因此可能导致肌肉过劳而产生伤病。

下面我们分析一下自行车运动中用到的主要肌肉。自行车运动中动力冲程的产生主要靠股四头肌收缩产生的膝关节伸展和由腘绳肌收缩及臀部臀肌辅助下产生的髋关节伸展。此外，小腿部分肌肉也有一定的贡献。自行车运动员会使用小腿肌肉，同时在踝关节伸展时推动脚踏板（腓肠肌、比目鱼肌、跖肌），然后在踝关节伸屈和拉起脚踏板时用到小腿肌肉（胫前肌）。

虽然自行车运动显然会同时用到大腿肌肉和小腿肌肉，但是肱三头肌、肩膀和下背部肌肉在维持躯干位置的作用并不明显。此外，上背部和胸部肌肉会提供手臂上部位置的稳定性，而前臂力量则可以稳定地抓紧自行车把手。正确握住车把手的位置，有助于平均分配肌肉需求，从而保持上肢姿态和延缓疲劳。颈部伸展可以帮助提起头部位置。因此，在为自行车运动员设计一个力量训练计划时，要考虑所有这些肌肉。

与其他运动员一样，你应该通过一个全面的力量训练计划加强所有主要肌群的力量。要训练主肌群及其相对的肌肉，从而实现力量均衡，以及均衡发展各种关节结构的肌肉。只训练主要肌肉一般会导致过劳伤病，因为关节一侧的肌肉会变得明显强于另一侧的肌肉，而弱侧肌肉最终会不堪负荷而损坏。这并不意味着你应该训练反向的肌群而平均力量水平。例如，颈伸肌本身会比颈屈肌更大更强，因此要想将它们练到一样的力量水平是几乎不可能的。小腿肌肉也是一样：小腿的踝关节伸肌比踝关节屈肌要更大更强；因此，不要试图将它们练到一样的力量水平。然而，一个合理的自行车运动员力量训练计划应该同时涵盖这两组肌肉。

为自行车运动员设计的计划

自行车运动员的力量训练计划的练习不是模仿特定的动作，也不会强调特定的肌群；相反，它们主要关注一些耐力练习，这些练习可以加强一些重点肌群的力量，从而提升自行车表现和减少受伤风险。接下来要介绍的是推荐的动作幅度和速度，负荷、重复次数和组数，频率，进阶和呼吸方式。

动作幅度和速度　虽然自行车运动只在运动中会用到腿部，而且需要静态地收缩上肢肌肉，但是你应该通过完整幅度的动作来执行力量练习。为了提升自行车表现，有时候也可以接受非完整幅度的动作，但是为了安全起见，应该要执行完整幅度的动作。在动作最后减小力量，有可能会削减关节完整性和增加受伤风险。

因为自行车运动员的力量训练计划的练习并不是模仿自行车动作，而且很难按照骑自行车一样的节奏去执行腿部力量练习——每分钟蹬90次，因此你应该以中等速度控制练习强度。这样可以使力量开发效果最大化，同时减少受伤风险。研究表明，中等速度能够产生最大的力量训练效果。我们建议每2~3秒做一次抬起动作，然后2~3秒钟做一次放下动作，或者每一次重复练习动作4~6秒钟。

负荷、重复次数和组数　为了提升力量，练习的阻力应该足够使目标肌肉疲劳。因为自行车运动是一种耐力活动，所以大多数自行车运动员都应该用12~16次重复次数（相当于60%~70%的最大承受力）的负荷，从而获得最佳的力量提升。当然，这是假定训练强度足够让肌肉在每一组练习中产生疲劳。自行车运动员需要投入一定的时间和精力去完成一定的日常训练距离。因此，不建议自行车运动员在力量训练上投入不必要的时间和精力。幸运的是，形成肌肉耐力和力量是相辅相成的活动。也就是说，同样一个练习计划既可以开发力量，也能够增强肌肉耐力。研究表明，执行1~2组恰当的力量训练练习就足以形成足够的力量和耐力。因此，如果愿意，你可以从一组练习开始，然后在肌肉健壮度提升后再执行另一组练习。

为了实现最佳效果，你应该执行一组练习，让肌肉疲劳或使肌肉当时无法再继续练习。这意味着，你要练习到肌肉无法再重复一次相同的练习为止。

频率　研究表明，每周2~3次恰当间隔的训练活动就能够有效地提升肌肉力量。自动车运动员每周安排2次力量训练，就可以以相对较少的时间投入达到相对较大的力量和耐力提升。对50岁以上的老年人和更大年龄者的研究表明，在经过一周两次的2~3个月训练后，他们的肌肉力量可以提升近50%。

进阶　我们更倾向于选择一种双重力量开发机制。要先从一种能举起12次的负荷开始，然后继续训练，直至能够完成16次重复动作。在连续完成2组16次重复动作后，再增加5%的阻力。保持这个水平的负荷，直到重复完成16次，然后再继续增加5%的负荷。

呼吸方式　记住在每一次重复时都要正常呼吸。在每一次举起动作过程中呼气，然后在每一次放下动作过程中吸气。

针对自行车运动员的力量训练

自行车运动员可以通过完成各种练习来开发力量和耐力。表11.4~表11.6列出了我们推荐的自行车运动员力量练习，以及它们在训练中的执行顺序。

表11.4　自行车运动员的力量训练：固定器械训练

训练项目	肌群	页码
1. 坐姿腿屈伸	股四头肌	54
2. 卧式腿弯举	腘绳肌	55
3. 坐姿蹬腿	股四头肌、腘绳肌、臀肌	56
4. 坐姿夹胸	胸大肌、三角肌前束	64
5. 坐姿推胸	胸大肌、三角肌前束、肱三头肌	65
6. 屈臂下拉	背阔肌、大圆肌、肱三头肌	70
7. 坐姿划船	背阔肌、大圆肌、菱形肌、中斜方肌、肱二头肌、三角肌后束	73
8. 侧平举	三角肌	67
9. 肩上推举	三角肌、上斜方肌、肱三头肌	68
10. 双臂弯举	肱二头肌	77
11. 头后臂屈伸	肱三头肌	78
12. 腹部屈曲	核心肌肉：腹直肌	62
13. 下背伸展	核心肌肉：竖脊肌	61
14. 颈部伸展与前屈	颈伸肌、颈屈肌	81, 82

训练负荷	重复次数	组数	重复速度	恢复时间
最大承受力的60%~70%	12~16次	1~2组	4~6秒	60~90秒

表11.5　自行车运动员的力量训练：自由重量训练

训练项目	肌群	页码
1. 杠铃或哑铃深蹲	股四头肌、腘绳肌、臀肌	86, 84
2. 哑铃箭步蹲	股四头肌、腘绳肌、臀肌	89
3. 杠铃、哑铃或壶铃提踵	腓肠肌、比目鱼肌	92, 90
4. 哑铃胸部飞鸟	胸大肌、三角肌前束、前锯肌	101
5. 杠铃或哑铃卧推	胸大肌、三角肌前束、肱三头肌	104, 102
6. 哑铃仰卧屈臂上拉	背阔肌、肱三头肌	116
7. 哑铃俯身划船	背阔肌、小圆肌、菱形肌、中斜方肌、肱二头肌	120
8. 哑铃侧平举	三角肌	110
9. 哑铃坐姿推举	三角肌、上斜方肌、肱三头肌	111
10. 杠铃站姿双臂弯举	肱二头肌	122
11. 哑铃仰卧屈臂屈伸	肱三头肌	128
12. 卷腹*	核心肌肉：腹直肌	144
13. 自重躯干挺身*	核心肌肉：竖脊肌	140
14. 杠铃或哑铃耸肩	上斜方肌	132, 133

训练负荷	重复次数	组数	重复速度	恢复时间
最大承受力的60%~70%	12~16次	1~2组	4~6秒	60~90秒

*自重训练：重复尽可能多的次数，直到目标肌肉感到疲劳为止。

表11.6 自行车运动员的力量训练：自重和阻力带训练

训练项目	肌群	页码
1.阻力带深蹲	股四头肌、腘绳肌、臀肌	138
2.健身球足跟后拉*	腘绳肌、髋屈肌	136
3.健身球抬腿*	股四头肌、髋屈肌、腹直肌	137
4.自重俯卧撑*	胸大肌、三角肌前束、肱三头肌、腹直肌	149
5.阻力带站姿推胸	胸大肌、三角肌前束、肱三头肌	148
6.自重引体向上*	背阔肌、肱二头肌	154
7.阻力带坐姿划船	背阔肌、大圆肌、菱形肌、中斜方肌、肱二头肌、三角肌后束	156
8.阻力带坐姿推举	三角肌、上斜方肌、肱三头肌	152
9.自重卷腹*	核心肌肉：腹直肌	144
10.自重躯干挺身*	核心肌肉：竖脊肌	140
11.阻力带耸肩	上斜方肌	163

训练负荷	重复次数	组数	重复速度	恢复时间
最大承受力的60%~70%	12~16次	1~2组	4~6秒	60~90秒

*自重训练：重复尽可能多的次数，直到目标肌肉感到疲劳为止。

自行车运动员力量训练小结

按照我们对自行车运动员和铁人三项运动员的训练经验，更强的肌肉能够带来更好的自行车表现。因为每一次骑行动作都需要付出一定比例的最大腿部力量，因此力量更大被认为是一种优势。

进行力量训练后，许多自行车运动员都能够在相同频率的骑行中使用齿轮更大的自行车，从而增加他们的骑行速度。一定要摄入足够的热量，给自己的综合身体活动提供能量，同时要摄入足够的蛋白质，还要喝大量的水。最后，每天要保证至少8小时的睡眠时间，这样才能精神饱满地进入各种训练。

在开发合理的力量训练计划时，要仔细考虑下面的练习指导原则：

练习选择 加入合适的练习逐步锻炼主要肌群。

训练负荷 采用60%~70%的最大承受力作为训练负荷。

重复次数 完成12~16次受控重复次数。

进阶 在连续2组活动中完成16次重复动作后增加5%的负荷。

组数 每一项练习各完成一组。

动作速度 以中等速度执行每一个动作，举起用时2~3秒，放下用时2~3秒。

动作幅度 以相对较完整的动作幅度执行每一次练习。

训练频率　　每周完成2~3次训练。

游泳运动员的力量训练

游泳一直被认为是最完美的身体活动，因为它能够锻炼到身体的所有主要肌群。事实上，游泳会通过手臂滑水动作和踢腿动作而同时锻炼到上肢和下肢。但是，有一些主要肌群会比其他肌群用得更频繁一些，因此会增加过度疲劳和不均衡性造成受伤的风险。例如，使手臂划过水中的上肢肌肉会比使手臂从空中收回的肌肉更加结实。此外，持续运动的腿部肌肉则动作距离相对较短，而且是重复动作。这可能导致肌肉出现不均衡性。因为游泳是一种有氧运动，因此它并不很适合于开发力量。然而，增加力量可以显著提高游泳取得成功的概率。下面，我们来看一下力量训练将如何提升游泳表现，同时降低受伤可能性。

为游泳运动员设计的计划

为游泳运动员推荐的力量练习可以锻炼主要肌群。下面关于动作幅度和速度，负荷、重复次数和组数，频率，进阶和呼吸方式的指导原则可以帮助运动员获得良好的训练结果。

动作幅度和速度　　虽然标准游泳动作可以通过相对完整的动作幅度锻炼上肢肌肉，但是腿部的踢水动作只使用中等幅度的动作。为了避免肌肉出现不均衡发展的问题，要做完整幅度动作的练习，但是一定不要做一些不自然的动作。此外，要以较慢的速度及受控方式执行完整幅度的动作。快速重复动作则可能产生太大的运动量，使肌肉和关节承担太大的压力。

负荷、重复次数和组数　　让肌肉在无氧能量机制的极限次数达到疲劳，就能够获得最佳的肌肉力量锻炼效果，这通常需要30~90秒。要将每次重复动作时间控制在4~6秒，然后在这段时间里完成一组8~12次的重复动作。大多数人可以在他们70%~80%的最大可承受力下完成8~12次的重复动作，这是一个较为安全且高效的负荷。虽然你偶尔可以训练更多或更少的次数，但是8~12次重复动作是适合所有练习要求的。

许多研究表明，单组训练所带来的力量构建好处和多组训练是类似的。你所执行的组数很多时候取决于个人偏好和可用时间。你可以用50%的训练负荷进行热身运动，然后休息60秒，然后再执行1~2组练习，从而在短时间内让肌肉疲劳。这些训练策略既有效又高效。

频率　　研究表明，一周执行2次的训练活动与一周执行3次的训练活动产生相同的力量，而一周2天是更好的选择，因为这样就有更多的时间供肌肉恢复和重建。要将训练动作延伸到腿部更大的肌群中，然后再训练上肢肌肉，最后再训练躯干和颈部的肌肉。与组数类似，力量训练的频率很多时候也取决于个人偏好及其可用时间。

进阶　如果每一组训练重复8~12次，那么采用一种更合理的进阶策略。因为肌肉力量开发要循序渐进，所以每一次增加的阻力不能超过5%。要持续举起一个指定的负荷，直到能够在连续2组练习中以良好的姿态完成12次重复动作。然后，可以在下一次训练中增加5%的阻力（通常是1~5磅）。这种是一种双重进阶的机制——先增加重复次数再增加负荷，它是一种安全且合理的方法，可以产生一致的力量提升。

呼吸方式　在每一组训练中持续呼吸。要在每一个举起动作过程中呼气，然后在放下动作过程中吸气。

针对游泳运动员的力量训练

游泳运动员可以通过执行各种器械、自由重量或自重和阻力带练习来提升力量和耐力。表11.7~表11.9列出了我们为游泳运动员推荐的力量练习，给它们的排列顺序即是练习过程中的执行顺序。

表11.7　游泳运动员的力量训练：固定器械训练

训练项目	肌群	页码
1.坐姿腿屈伸	股四头肌	54
2.卧式腿弯举	腘绳肌	55
3.坐姿蹬腿	股四头肌、腘绳肌、臀肌	56
4.坐姿推胸	胸大肌、三角肌前束、肱三头肌	65
5.屈臂下拉	背阔肌、大圆肌、肱三头肌	70
6.上斜卧推	胸大肌、三角肌前束、肱三头肌	66
7.拉力器下拉	背阔肌、大圆肌、肱二头肌	72
8.肩上推举	三角肌、上斜方肌、肱三头肌	68
9.坐姿划船	背阔肌、大圆肌、菱形肌、中斜方肌、肱二头肌、三角肌后束	73
10.腹部屈曲	核心肌肉：腹直肌	62
11.下背伸展	核心肌肉：竖脊肌	61
12.躯干旋转	核心肌肉：腹内斜肌、腹外斜肌、腹直肌	63
13.颈部伸展与前屈	颈伸肌、颈屈肌	81，82

训练负荷	重复次数	组数	重复速度	恢复时间
最大承受力的70%~80%	8~12次	1~2组	4~6秒	60~90秒

表11.8 游泳运动员的力量训练：自由重量训练

训练项目	肌群	页码
1. 杠铃或哑铃深蹲	股四头肌、腘绳肌、臀肌	86，84
2. 哑铃蹬台阶	股四头肌、腘绳肌、臀肌	88
3. 杠铃或哑铃卧推	胸大肌、三角肌前束、肱三头肌	104，102
4. 哑铃仰卧屈臂上拉	背阔肌、肱三头肌	116
5. 杠铃或哑铃上斜卧推	胸大肌、三角肌前束、肱三头肌	106，108
6. 哑铃俯身划船	背阔肌、小圆肌、菱形肌、中斜方肌、肱二头肌、三角肌后束	120
7. 哑铃站姿交替肩推举	三角肌、上斜方肌、肱三头肌	112
8. 杠铃站姿双臂弯举	肱二头肌	122
9. 哑铃仰卧臂屈伸	肱三头肌	128
10. 自重卷腹*	核心肌肉：腹直肌	144
11. 自重躯干挺身*	核心肌肉：竖脊肌	140
12. 自重转体仰卧起坐*	核心肌肉：腹直肌、腹内斜肌、腹外斜肌、髋屈肌、股直肌	142
13. 杠铃或哑铃耸肩	上斜方肌	132，133

训练负荷	重复次数	组数	重复速度	恢复时间
最大承受力的70%~80%	8~12次	1~2组	4~6秒	60~90秒

*自重训练：重复尽可能多的次数，直到目标肌肉感到疲劳为止。

表11.9 游泳运动员的力量训练：自重和阻力带训练

训练项目	肌群	页码
1. 靠墙深蹲：健身球*	股四头肌、腘绳肌、臀肌	135
2. 健身球足跟后拉*	腘绳肌、髋屈肌	136
3. 健身球抬腿*	股四头肌、髋屈肌、腹直肌	137
4. 自重臂屈伸*	胸大肌、三角肌前束、肱三头肌	150
5. 自重引体向上*	背阔肌、肱二头肌、大圆肌、三角肌后束	154
6. 阻力带坐姿推举	三角肌、上斜方肌、肱三头肌	152
7. 阻力带站姿推胸	胸大肌、三角肌前束、肱三头肌	148
8. 阻力带坐姿划船	背阔肌、大圆肌、菱形肌、中斜方肌、肱二头肌、三角肌后束	156
9. 自重俯卧撑*	胸大肌、三角肌前束、肱三头肌、腹直肌	149
10. 阻力带双臂弯举	肱二头肌	158
11. 自重卷腹*	核心肌肉：腹直肌	144
12. 自重躯干挺身*	核心肌肉：竖脊肌	140
13. 自重转体仰卧起坐*	核心肌肉：腹直肌、腹内斜肌、腹外斜肌、髋屈肌、股直肌	142
14. 阻力带耸肩	上斜方肌	163

训练负荷	重复次数	组数	重复速度	恢复时间
最大承受力的70%~80%	8~12次	1~2组	4~6秒	60~90秒

*自重训练：重复尽可能多的次数，直到目标肌肉感到疲劳为止。

游泳运动员力量训练小结

练习选择	加入合适的练习逐步锻炼主要肌群。
训练负荷	使用70%~80%最大承受力的训练负荷。
重复次数	完成8~12次受控重复次数。
进阶	在连续2组活动中完成12次重复动作后增加5%的阻力。
组数	每一项练习完成1~2组动作。
动作速度	每一个动作以中等速度完成，举起用时2~3秒，放下用时2~3秒。
动作幅度	以相对较完整的动作幅度执行每一次练习。
训练频率	每周完成2~3次训练。

根据所执行的组数不同，游泳运动员的力量训练计划需要用时25~50分钟。虽然力量训练不应该影响正常的游泳训练，但是在可能的情况下最好将力量训练安排在非游泳日里。一定要摄入足够的热量，以支撑各种身体活动的需要；要摄入更多的蛋白质和大量水。最后，每天要尽量保证至少8小时的睡眠时间，从而能够精神饱满地参加每一次的训练。

滑雪运动员的力量训练

尽管滑雪运动员是坐缆车到山顶，但是向下滑行也是一种非常耗费体力的活动。要保持良好的身体姿态，保持最佳的平稳性、稳定性、操控性和速度，这需要相对较高的肌肉力量水平。除了增强滑雪表现，强健的肌肉骨骼系统能够最好地避免这项运动中常见的伤病。

虽然没有任何一个人会怀疑心肺功能的价值，显然它并不是下山滑雪的限制因素。虽然关节不够灵活的话可能会影响成绩，但是关节太过自由的话通常弊大于利。提升滑雪水平的关键完全在于提高肌肉力量。如果只是要保持身体健康和健壮而运动，那么做自己喜欢的耐力活动和拉伸练习即可。但是，如果要提升自信或参加滑雪比赛，则要参加力量训练。

下山滑雪是一种对力量要求较高的活动，注重无氧供能机制。股四头肌的有力收缩和腘绳肌一起控制着身体姿态，使之将雪和重力的作用发挥到极致。要感谢转向，因为它们给姿态带来了挑战和变化。在转向时，有力量性姿态不可能保持很长的时间，因为会给肌肉造成极大的疲劳；因此，你必须改变身体姿态。这个简单的卸力阶段会带来短暂的放松，从而减轻压力巨大的股四头肌和腘绳肌的工作负荷。此外，转向动作也会激活上腹部旋转肌肉和大腿的横向运动肌肉。更具体地，平稳转向与上腹部的强有力腹外斜肌和腹内斜肌密切相关，它们负责控制上腹部的旋转以及强壮的髋关节外展肌和髋内收肌，从而调整髋关节的动作。

虽然不像发力肌肉一样重要，但是肩部、躯干和手臂的肌肉负责有效的支撑和摔倒时的安全保护工作。其他肌肉也提供一些姿势支撑作用，并且有一定的防止受伤功能，它们包括下背和颈部肌肉。最后，胫骨的胫前肌则在很大程度上控制着滑雪运动中的踝关节。虽然现代滑雪靴能够减小踝关节受伤的概率，但是强有力的胫前肌有利于提高滑雪表现和降低受伤风险。

为滑雪运动员设计的计划

一个设计得当的力量训练计划要考虑特定负荷下重复动作的次数，每周训练的次数，以及加大负重时的进阶指导。因为与力量开发关系更密切的是强度，而不是持续时间，所以采用相对较短的训练就可以实现很好的结果。下面关于动作幅度和速度，负荷、重复次数和组数，频率、进阶和呼吸方式的指导原则应该能够产生很好的结果。

动作幅度和速度 力量是通过阻力练习而开发形成的。因此，要通过完整的关节动作来开发力量，你必须在完整动作幅度范围中施力——使目标肌肉从完全伸展的位置变为完全收缩的位置。

缓慢力量训练动作比快速力量训练动作的效率更高。这是因为，缓慢动作能够产生比快速动作更大的肌肉力量和肌肉张力。此外，较慢的动作速度会产生较小的运动量，从而将作用力集中在目标肌肉上。因为下山滑雪需要异乎寻常的肌肉收缩，所以你应该小心地控制每一次重复动作中的放下过程。

负荷、重复次数和组数 肌肉力量的最佳锻炼效果源于目标肌肉的疲劳，这种力量训练通常需要用时30~90秒。将每一次重复动作的速度控制在4~6秒，一组包含8~12次重复动作的训练用时35~75秒。大多数人可以在70%~80%的最大承受力下完成8~12次重复动作，这是既安全又高效的做法。你偶尔可以增加或减少重复次数，但是8~12次是适合大多数训练目标的标准。

许多研究表明，单组训练所带来的力量构建好处和多组训练是类似的。你所执行的组数很多时候取决于个人偏好和可用时间。参加滑雪训练计划的人可以用50%的训练负荷进行热身运动，然后休息60秒，然后再执行1~2组练习，从而在短时间内让肌肉疲劳，就可以获得很好的训练效果。然而，如果你愿意，可以加一组全部或部分推荐的练习。这些训练策略既有效又高效。

频率 研究表明，一周执行2次的训练活动与一周执行3次的训练活动产生相同的肌肉开发效果。对于一些人而言，一周练2天的效果更好，因为这样就有时间恢复和肌肉重建。因为主要的训练目标是逐步提升力量，因此训练一定不要操之过急。与组数类似，力量训练的频率很多时候也取决于个人偏好及可用时间。

进阶 如果每一组训练重复8~12次动作，那么你可采用一种更合理的进阶策略。因为肌肉力量开发要循序渐进，所以每一次增加的阻力不能超过5%。要持续举起一个指定的负荷，直到能够在连续2组练习中以良好的姿态完成12次重复动作。然后，你可以在下一次训练中增加5%的阻力（通常是1~5磅）。这种是一种双重进阶的机制——先增加重复次数再增加负荷，它是一种安全且合理的方法，可以产生一致的力量提升。

呼吸方式 在每一次重复动作中持续呼吸，因为屏住呼吸可能导致血压升高和血液流动不畅通，这不是我们想要的。要在每一个举起动作过程中呼气，在放下动作过程中吸气。

针对滑雪运动员的力量训练

滑雪运动员可以通过执行各种练习来提升力量和耐力，包括使用固定器械、自由重量器械或自重和阻力带进行训练等。表11.10~ 表11.12列出我们给滑雪运动员推荐的力量练习，它们的顺序也是在训练中应遵循的顺序。

表11.10 滑雪运动员的力量训练：固定器械训练

训练项目	肌群	页码
1. 坐姿腿屈伸	股四头肌	54
2. 卧式腿弯举	腘绳肌	55
3. 坐姿髋内收	髋内收肌	58
4. 坐姿髋外展	髋外展肌	59
5. 坐姿蹬腿	股四头肌、腘绳肌、臀肌	56
6. 坐姿夹胸	胸大肌、三角肌前束	64
7. 屈臂下拉	背阔肌、大圆肌、肱三头肌	70
8. 侧平举	三角肌	67
9. 双臂弯举	肱二头肌	77
10. 头后臂屈伸	肱三头肌	78
11. 腹部屈曲	核心肌肉：腹直肌	62
12. 下背伸展	核心肌肉：竖脊肌	61
13. 躯干旋转	核心肌肉：腹直肌、腹内斜肌、腹外斜肌	63
14. 颈部伸展与前屈	颈伸肌、颈屈肌	82，81

训练负荷	重复次数	组数	重复速度	恢复时间
最大承受力的70%~80%	8~12次	1~2组	4~6秒	60~90秒

表11.11 滑雪运动员的力量训练：自由重量训练

训练项目	肌群	页码
1. 杠铃或哑铃深蹲	股四头肌、腘绳肌、臀肌	84，86
2. 哑铃箭步蹲	股四头肌、腘绳肌、臀肌	89
3. 哑铃蹬台阶	股四头肌、腘绳肌、臀肌	88
4. 哑铃胸部飞鸟	胸大肌、三角肌前束、前锯肌	101
5. 哑铃仰卧屈臂上拉	背阔肌、肱三头肌	116
6. 哑铃侧平举	三角肌	110
7. 杠铃站姿臂弯举	肱二头肌	122
8. 哑铃头后臂屈伸	肱三头肌	127
9. 自重卷腹*	核心肌肉：腹直肌	144
10. 自重躯干挺身*	核心肌肉：竖脊肌	140
11. 自重转体仰卧起坐*	核心肌肉：腹直肌、腹内斜肌、腹外斜肌、髋屈肌、股直肌	142
12. 哑铃耸肩	上斜方肌	133

训练负荷	重复次数	组数	重复速度	恢复时间
最大承受力的70%~80%	8~12次	1~2组	4~6秒	60~90秒

*自重训练：重复尽可能多的次数，直到目标肌肉感到疲劳为止。

表11.12 滑雪运动员的力量训练：自重和阻力带训练

训练项目	肌群	页码
1. 靠墙深蹲：健身球*	股四头肌、腘绳肌、臀肌	135
2. 健身球足跟后拉*	腘绳肌、髋屈肌	136
3. 健身球抬腿*	股四头肌、髋屈肌、腹直肌	137
4. 自重训练凳屈臂支撑*	胸大肌、三角肌前束、肱三头肌	159
5. 阻力带坐姿划船	背阔肌、大圆肌、菱形肌、中斜方肌、肱二头肌、三角肌后束	156
6. 阻力带坐姿推举	三角肌、上斜方肌、肱三头肌	152
7. 自重卷腹*	核心肌肉：腹直肌	144
8. 自重躯干挺身*	核心肌肉：竖脊肌	140
9. 自重转体仰卧起坐*	核心肌肉：腹直肌、腹内斜肌、腹外斜肌、髋屈肌、股直肌	142
10. 阻力带耸肩	上斜方肌	163

训练负荷	重复次数	组数	重复速度	恢复时间
最大承受力的70%~80%	8~12次	1~2组	4~6秒	60~90秒

*自重训练：重复尽可能多的次数，直到目标肌肉感到疲劳为止。

滑雪运动员力量训练小结

抗阻练习适用于下山滑雪的体适能训练。一定要摄入足够的热量，才能支撑全面的身体活动（力量训练和滑雪），其中包括要摄入更多的蛋白质和大量的水。最后，每天要保持至少8小时的睡眠时间，这样才能精神饱满地参加训练。

在开发一个合理的力量训练计划时，要仔细考虑下面的练习指导原则：

练习选择　加入合适的练习逐步锻炼主要肌群。

训练负荷　使用70%~80%的最大承受力作为训练负荷。

重复次数　完成8~12次的受控重复动作。

进阶　在连续两组活动中完成12次重复动作后增加5%的阻力。

组数　每一项练习完成1~2组动作。

动作速度　以中等速度完成每一个动作，举起用时2~3秒，放下用时2~3秒。

动作幅度　以相对较完整的动作幅度执行每一次练习。

训练频率　每周完成2~3次训练。

网球运动员的力量训练

打网球需要手眼协调好、身手敏捷，而且要有敏锐的空间概念。除了对身体和精神的双重挑战，一场精彩的单打比赛既提供了有氧训练也提供了无氧训练。尽管对于高水平网球运动员来说技术非常重要，但如果这个运动适合你的话，技巧方面是很容易得到提高的，这也是在第2组和第3组之间保留体力的关键因素。

促进健康的方式有很多，而你选择的训练项目的类型决定了你自身的身体状态。举个例子，伸展练习会增加关节的柔韧性，有氧代谢活动会提升心肺耐力，力量训练能增加肌肉力量。当然，所有这些健身益处都将能帮助你在网球运动中有更好的表现。然而，如果你只想用一类健身方式来提高自身在网球运动中的表现，那就选择力量训练。

网球运动员的专项训练

打网球会引起包括腿部、腹部、上身和臂部等肌肉的剧烈运动，所以训练时应涵盖所有的主肌群，从而保证全身力量的提升和肌肉的均衡发展。这会加强训练的效果，并减少受伤的风险。

肩部回旋肌　旋转肌群由一个肌群组成（冈上肌、冈下肌、小圆肌、肩胛下肌）。肩部回旋肌位于一块大三角肌下面，能使臂部朝不同方向旋转。将手臂向后旋转，称为肩外旋，这个动作是通过小圆肌和冈下肌完成的。将手臂向前旋转，称为肩内旋，而这个动作涉及的肌肉则是肩胛下肌。冈上肌的主要作用是将臂部控制在肩关节活动范围之内。肩关节的这4块肌肉不仅保证了结构的稳定性，而且可以相互协助进行有力的正手、反手和发球。

让人欣喜的是这4块相对较小的肌肉在肌肉训练中可以得到很好的锻炼。糟糕的是大多数人不会针对旋转肌群进行专项训练。这是非常不利的现象，因为网球运动员的旋转肌群经常受伤，一般还需要很长的恢复期。一套设计完美的力量训练应当包括至少每周一次的肩部旋转肌群训练。

你可以通过哑铃或阻力带训练来加强原本较弱的肩外肌（图11.2和图11.3）。当使用哑铃训练时，将上臂与前臂平衡于地面，练习过程中要始终保持上臂的姿势。将哑铃缓慢向上举起，与肘部保持呈90度的姿势（图11.2）。然后将哑铃缓慢放至初始位置。

使用阻力带进行锻炼时，如图11.3所示，一端固定于门上，高度与腰平行，身体左侧朝向门站立，将右肘抵住身体右侧，用右手将阻力带拉过腹部。接下来，将身体右侧朝向门站立，将左肘抵住身体左侧，用左手将阻力带拉过腹部。网球运动员应当加强对他们旋转肌群的训练，从而可以提升在运动中的表现，减少受伤的风险。

前臂肌　网球运动中手腕活动幅度比较大，所以前臂肌（前臂屈肌和伸腕肌）很容易运动过度，导致肘关节或腕关节受伤。

图11.4中所示的卷腕练习是增强前臂肌的有效方法之一。在一根长0.6米的绳子一端固定一个5磅重的配重片，另一端系在圆木销上。两手紧握圆木销，顺时针不断伸展手腕以将绳子卷于圆木销上，从而将配重片提起。配重片碰到圆木销后，再反方向伸展手腕将绳子卷下来，从而逐渐降低配重片。顺时针手腕运动能够加强前臂屈肌，逆时针手腕运动能够加强前臂伸肌。每周至少做一次卷腕练习。

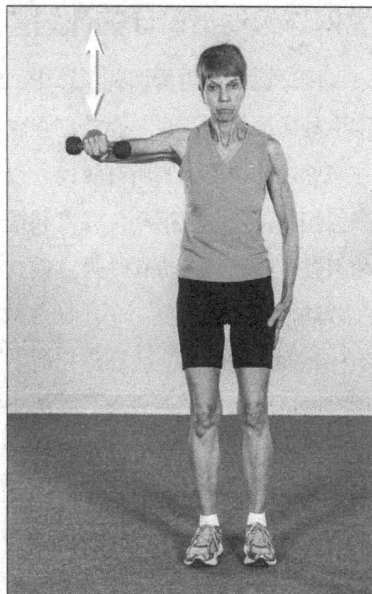

图11.2　通过哑铃或配重片训练肩部肌群力量

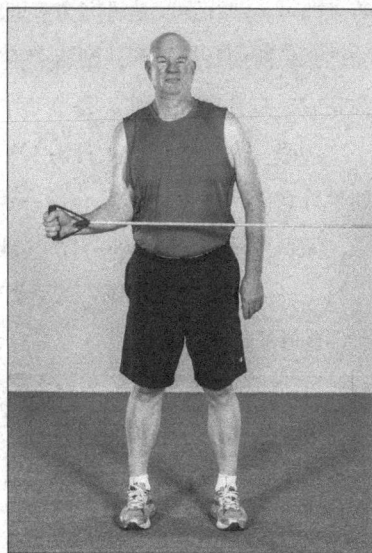

图11.3　使用阻力带加强旋转肌群

为网球运动员设计的计划

网球运动员力量训练项目中的练习不会效仿其他训练中具体的动作，也不会特别强调某块肌肉，而是加强在网球运动中用到的所有肌肉。以下所列是加强训练效果的相关信息，包括动作幅度和速度，负荷、重复次数和组数，频率、进阶和呼吸方式。

动作幅度和速度 每个动作的时间是4~6秒；上举动作用时2~3秒，下放动作用时2~3秒。下放时控制动作速度可以针对更强的离心肌肉收缩，还可以提高每次练习的效果。每次全方位重复动作也非常重要。这会增强关节的整体性和韧性。

负荷、重复次数和组数 表11.13~表11.15中建议的练习是按照从腿部较大肌肉到颈部较小肌肉的顺序排列的，而且也应该按照这个顺序进行训练。每种练习做1~2组就足够了，只要运用好的训练模式训练到肌肉疲劳点即可。训练强度是肌肉力量训练的关键，使用足够

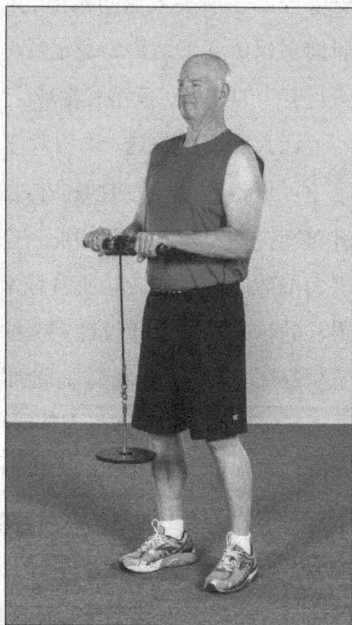

图11.4 卷腕

的训练负荷使目标肌群达到疲劳点，用时为30~90秒。一般来说，这个训练负荷可以允许你完成8~12次重复动作，每个动作用时4~6秒。

频率 如果你每周能打3~4次网球，那么最好在不打网球时选择2天进行力量训练。如果你每天都打网球，那么就在运动结束后4小时再进行抗阻训练，效果最好。举个例子，如果你每天早晨9:00~11:00打网球，那么你进行力量训练的时间就应该定为下午3:00左右。每周一次力量训练，或者2次，但这2次时间间隔要均匀，就可以在力量提升方面起到良好的作用，从而进一步提升你在网球运动中的表现。

进阶 随着你肌肉的逐渐增强有必要逐步增加训练强度。在此过程中，逐步增加训练负荷效果最佳。一旦你可以完成12次重复动作，那么对你来说之前的训练负荷已经不足以产生最大的力量收益。再增加5%（一般是1~5磅）的训练负荷，这样就可以继续刺激肌肉力量发展。

呼吸方式 每次重复动作时都应该保持呼吸，这一点很重要，因为屏住呼吸会导致血压升高，血液流通不畅。练习时，上举时呼气，下放时吸气。

针对网球运动员的力量训练

网球运动员可以通过不同的练习来改善自身的力量和耐力。表11.13~表11.15所展示的是建议网球运动员所做的力量练习，通过这些练习可以为运动员打下良好的身体基础，从而进一步提升他们在网球运动中的表现。这些练习还能减少受伤的风险，尤其是辅以之前提到过的肩部回旋肌和前臂肌练习时。

表11.13 网球运动员的力量训练：固定器械训练

训练项目	肌群	页码
1. 坐姿蹬腿	股四头肌、腘绳肌、臀肌	56
2. 坐姿髋外展	髋外展肌	59
3. 坐姿髋内收	髋内收肌	58
4. 提踵	腓肠肌、比目鱼肌	60
5. 坐姿推胸	胸大肌、三角肌前束、肱三头肌	65
6. 坐姿划船	背阔肌、大圆肌、菱形肌、中斜方肌、肱二头肌、三角肌后束	73
7. 肩上推举	三角肌、上斜方肌、肱三头肌	68
8. 双臂弯举	肱二头肌	77
9. 头后臂屈伸	肱三头肌	78
10. 腹部屈曲	核心肌肉：腹直肌	62
11. 下背伸展	核心肌肉：竖脊肌	61
12. 躯干旋转	核心肌肉：腹直肌、腹内斜肌、腹外斜肌	63
13. 颈部伸展与前屈	颈伸肌、颈屈肌	82，81

训练负荷	重复次数	组数	重复速度	恢复时间
最大承受力的70%~80%	8~12	1~2	4~6秒	60~90秒

表11.14 网球运动员的力量训练：自由重量训练

训练项目	肌群	页码
1.杠铃或哑铃深蹲	股四头肌、腘绳肌、臀肌	84，86
2.哑铃箭步蹲	股四头肌、腘绳肌、臀肌	89
3.杠铃或壶铃提踵	腓肠肌、比目鱼肌	92，90
4.杠铃或哑铃卧推	胸大肌、三角肌前束、肱三头肌	104，102
5.哑铃俯身划船	背阔肌、小圆肌、菱形肌、中斜方肌、肱二头肌、三角肌后束	120
6.哑铃站姿交替肩推举	三角肌、上斜方肌、肱三头肌	112
7.哑铃仰卧屈臂上拉	背阔肌、肱三头肌	116
8.自重卷腹*	核心肌肉：腹直肌	144
9.自重躯干挺身*	核心肌肉：竖脊肌	140
10.自重转体仰卧起坐*	核心肌肉：腹直肌、腹内斜肌、腹外斜肌、髋屈肌、股直肌	142
11.杠铃或哑铃耸肩	上斜方肌	132，133
12.卷腕	前臂屈肌、前臂伸肌	212

训练负荷	重复次数	组数	重复速度	恢复时间
最大承受力的70%~80%	8~12次	1~2组	4~6秒	60~90秒

*自重训练：重复尽可能多的次数，直到目标肌肉感到疲劳为止。

表11.15 网球运动员的力量训练：自重和阻力带训练

训练项目	肌群	页码
1.靠墙深蹲：健身球*	股四头肌、腘绳肌、臀肌	135
2.健身球足跟后拉*	腘绳肌、髋屈肌	136
3.健身球抬腿*	股四头肌、髋屈肌、腹直肌	137
4.自重俯卧撑*	胸大肌、三角肌前束、肱三头肌、腹直肌	149
5.阻力带坐姿划船	背阔肌、大圆肌、菱形肌、中斜方肌、肱二头肌、三角肌后束	156
6.阻力带坐姿推举	三角肌、上斜方肌、肱三头肌	152
7.自重训练凳屈臂支撑*	胸大肌、三角肌前束、肱三头肌	159
8.自重卷腹*	核心肌肉：腹直肌	144
9.自重躯干挺身*	核心肌肉：竖脊肌	140
10.自重转体仰卧起坐*	核心肌肉：腹直肌、腹内斜肌、腹外斜肌	142
11.阻力带耸肩	上斜方肌	163

训练负荷	重复次数	组数	重复速度	恢复时间
最大承受力的70%~80%	8~12次	1~2组	4~6秒	60~90秒

*自重训练：重复尽可能多的次数，直到目标肌肉感到疲劳为止。

网球运动员力量训练小结

技术训练是提升网球运动表现最重要的因素。然而，身体状况肯定会加强训练效果。身体状况最重要的部分是肌肉力量，更强壮的网球运动员一定也是更优秀的网球运动员。一定要摄入足够的热量，为训练储备能量，包括蛋白质和大量的水。最后，尽量保证每天晚上的睡眠时间为8小时，这样训练时才会精力充沛、热情满满。

练习选择	加入合适的练习逐步锻炼主要肌群。
训练负荷	使用70%~80%的最大承受力为训练负荷。
重复次数	重复完成8~12次受控动作。
进阶	在连续两组活动中完成12次重复动作后增加5%的训练负荷。
组数	每项练习完成1~2组动作。
动作速度	以中等速度完成每个动作，举起用时2~3秒，下放用时2~3秒。
动作幅度	以相对较完整的动作幅度执行每一次练习。
训练频率	每周完成1~2次训练。

高尔夫运动员的力量训练

与5000多万美国人一样，你可能也喜欢打高尔夫球。如果和大部分高尔夫球员一样，你一定也想抽出更多的时间，更多地打高尔夫球，并且提高水平，而且还不要受伤。我们将此称为打得越好、动力越强，这二者都可以在良好设计的力量训练项目中得到实现。

我们的高尔夫身体训练要求一周做2次基础练习，这样才能留下很多时间练习高尔夫。每一项训练都包括力量训练、拉伸运动和任选一项有氧运动。高尔夫运动员一般不愿意参加力量训练，因为害怕会增加体重、形成大块肌肉、感觉紧张、影响协调性、形成错误挥杆和打出更高杆数。然而，我们的研究表明，定期进行力量训练会给高尔夫运动员带来很大的好处。如表11.16所示，77位成年高尔夫运动员在完成2个月力量训练计划后，他们的健康状况、肌肉健壮性和挥杆速度有了极大的提高。采纳我们计划的高尔夫运动员的静息血压降低近5毫米汞柱，而力量则增加超过50%，脂肪减轻4磅，增加了4磅肌肉，增加他们的杆头速度（挥杆动量）6%。

表11.16　高尔夫运动员8周力量训练后的结果

	变化	数量
血压平均静压	下降	4.5毫米汞柱
肌肉	增加	56%
体重	下降	0.2磅
脂肪含量	下降	2%
脂肪重量	下降	4.1磅
肌肉重量	增加	3.9磅
杆头速度	增加	6.1%

　　我们的高尔夫身体训练参与者组合了拉伸练习和力量训练计划，从而大大地提高了杆头速度。他们在主要肌群上执行了6次简单的拉伸，其中包括大腿、臀部、后腰、上背、胸部和肩部。他们每次拉伸动作的速度都很慢，然后在完全拉伸的状态下保持20秒。如果你有时间，那么要在每一次力量训练后执行拉伸动作，开发身体的灵活性，这将有助于提高杆头速度。

　　简而言之，爆发力等于肌肉力量乘以运动距离再除以运动时间。你可能还记得本章第一部分关于这个概念的内容。你可以通过增加肌肉力量、增加挥杆距离、缩短挥杆时间或者结合这些方法，从而改进击球爆发力。力量训练是增加肌肉力量的最佳手段，而加入拉伸训练则是提升挥杆距离的最佳手段。缩短挥杆时间则要复杂一些，它需要一定的练习，并对协调性有要求；然而，更强的肌肉和更灵活的关节也有助于提升挥杆速度。

$$爆发力 = 肌肉力量 \times \frac{运动距离}{运动时间}$$

　　虽然我们并没有在高尔夫研究中测量心肺指数，但是我们让参加计划的高尔夫运动员选择他们最喜欢的耐力练习（散步、慢跑、骑车、爬山）或者组合这些运动方式，以提升交叉训练效果。我们鼓励运动员在高尔夫训练计划中加入常规的有氧活动。这种有氧活动要持续20~30分钟，其中包括几分钟的热身和结束休息时间，然后选择在每一周中不连续的3天中完成。以1~10的等级划分强度的话，要以低强度（3~4级）执行热身和结束休息动作，以中等强度（6~7级）执行身体训练环节。虽然提升心肺健壮度对于挥杆动量并没有直接影响，但是它可以增加抗疲劳耐力和专注力，从而能够击出力度更强、距离更远的球。

为高尔夫运动员设计的计划

　　高尔夫运动员的力量训练计划所包含的练习并不会模仿特定的动作，也不会专门训练某一部分肌肉；相反，它们会关注能够增强高尔夫运动所涉及的所有肌群的练习。下面关于动作幅度和速度，负荷、重复次数和组数，频率，进阶和呼吸方式的指导原则可以帮助运动员获得良好的训练结果。

动作幅度和速度 每个动作的时间大概是4~6秒；上举动作用时2~3秒，下放动作用时2~3秒。如果不会感到不舒服，那么在重复每一个动作时都要做完完整的动作幅度。

负荷、重复次数和组数 选择重复8~12次后达到疲劳点的负荷。这个负荷应该在你最大可承受力的70%~80%，这是一个增强力量的高效负荷。表11.17~表11.19所列的每一种训练都要执行1组或2组。

频率 虽然一周练习1次也是足够的，但是一周间断地训练2次或3次会更快地提高身体健壮度和增加挥杆动量。然而，如果你的时间有限，那么一周练习1次也能够产生很好的结果，而且最好选择在无高尔夫训练的时间。

进阶 当你能够在连续两次练习中以正确的姿势重复完成12次动作时，可以增加5%左右的负荷。

呼吸方式 每次重复动作时都应该保持呼吸，屏住呼吸会导致血压升高，血液流通不畅。练习时，上举时呼气，下放时吸气。

针对高尔夫运动员的力量训练

下面的小节将介绍推荐用于提升肌肉力量的练习和训练原则等。我们先从躯干肌肉开始。它们之所以重要，主要有两个原因。首先，许多高尔夫运动员下腰多少有一些问题，这主要是由于躯干肌肉太弱造成的，特别是下腰部位的竖脊肌。其次，躯干肌肉所发挥的重要作用是将大臀部肌和大腿肌产生的力量传递给负责挥杆的上肢和手臂肌肉上。

高尔夫运动员应该强化的第二组肌肉是大腿和臀部肌肉。位于大腿前面（股四头肌）和后面（腘绳肌）的肌肉是力量的主要来源，特别是近臀肌相连的部位。压腿和下蹲练习是练习这些大块肌群的最理想方法。因为重量传递和臀部冲击是高尔夫强力挥杆的重要组成部分，而且我们还建议针对大腿内侧肌肉（髋内收肌）和大腿外侧肌肉（髋外展肌）进行专门的强化训练。

用于产生动量的第三组肌肉包括胸部肌肉（胸大肌）、上背肌肉（背阔肌）和肩部肌肉（三角肌）。这些肌肉会负责手臂的挥动动作，也负责控制肩部关节的运动。因此，一定要保持这些肌肉力量的均衡发展，才能降低肩部受伤的风险。因为击球时要求保持头部稳定，因此我们也建议通过练习加强颈部力量。

高尔夫运动员还可以通过执行各种练习来增加力量和耐力。表11.17~表11.9列出了我们推荐高尔夫运动员采用的力量练习，它们按照练习中应该采用的顺序排列。

表11.17　高尔夫运动员的力量训练：固定器械训练

训练项目	肌群	页码
1. 坐姿蹬腿	股四头肌、腘绳肌、臀肌	56
2. 坐姿髋外展	髋外伸肌	59
3. 坐姿髋内收	髋内收肌	58
4. 提踵	腓肠肌、比目鱼肌	60
5. 坐姿夹胸	胸大肌、三角肌前束	64
6. 屈臂下拉	背阔肌、大圆肌、肱三头肌	70
7. 侧平举	三角肌	67
8. 双臂弯举	肱二头肌	77
9. 头后臂屈伸	肱三头肌	78
10. 腹部屈曲	核心肌肉：腹直肌	62
11. 下背伸展	核心肌肉：竖脊肌	61
12. 躯干旋转	核心肌肉：腹直肌、腹内斜肌、腹外斜肌	63
13. 颈部伸展与前屈	颈伸肌、颈屈肌	82、81

训练负荷	重复次数	组数	重复速度	恢复时间
最大承受力的70%~80%	8~12次	1~2组	4~6秒	60~90秒

表11.18　高尔夫运动员的力量训练：自由重量训练

训练项目	肌群	页码
1. 杠铃或哑铃深蹲	股四头肌、腘绳肌、臀肌	86, 94
2. 壶铃或哑铃箭步蹲	股四头肌、腘绳肌、臀肌	89
3. 杠铃或壶铃提踵	腓肠肌、比目鱼肌	92, 90
4. 哑铃胸部飞鸟	胸大肌、三角肌前束、前锯肌	101
5. 哑铃屈臂上拉	背阔肌、肱三头肌	116
6. 哑铃侧平举	三角肌	110
7. 杠铃站姿双臂弯举	肱二头肌	122
8. 哑铃头后臂屈伸	肱三头肌	127
9. 自重卷腹*	核心肌肉：腹直肌	144
10. 自重躯干挺身*	核心肌肉：竖脊肌	140
11. 自重转体仰卧起坐*	核心肌肉：腹直肌、腹内斜肌、腹外斜肌、髋屈肌、股直肌	142
12. 杠铃或哑铃耸肩	上斜方肌	132, 133
13. 卷腕	前臂屈肌、前臂伸肌	212

训练负荷	重复次数	组数	重复速度	恢复时间
最大承受力的70%~80%	8~12次	1~2组	4~6秒	60~90秒

*自重训练：重复尽可能多的次数，直到目标肌肉感到疲劳为止。

表11.19　高尔夫运动员的力量训练：自重和阻力带训练

训练项目	肌群	页码
1. 靠墙深蹲：健身球*	股四头肌、腘绳肌、臀肌	135
2. 健身球足跟后拉*	腘绳肌、髋屈肌	136
3. 健身球抬腿*	股四头肌、髋屈肌、腹直肌	137
4. 阻力带站姿推胸	胸大肌、三角肌前束、肱三头肌	148
5. 阻力带坐姿划船	背阔肌、大圆肌、菱形肌、中斜方肌、肱二头肌、三角肌后束	156
6. 阻力带坐姿推举	三角肌、上斜方肌、肱三头肌	152
7. 自重俯卧撑*	胸大肌、三角肌前束、肱三头肌、腹直肌	149
8. 健身球卷腹*	核心肌肉：腹直肌	144
9. 自重躯干挺身*	核心肌肉：竖脊肌	140
10. 自重转体仰卧起坐*	核心肌肉：腹直肌、腹内斜肌、腹外斜肌、髋屈肌	142
11. 阻力带耸肩	上斜方肌	163

训练负荷	重复次数	组数	重复速度	恢复时间
最大承受力的70%~80%	8~12次	1~2组	4~6秒	60~90秒

*自重训练：重复尽可能多的次数，直到目标肌肉感到疲劳为止。

高尔夫运动员力量训练小结

要准确记录你的练习，观察挥杆动量与力量开发的关系。一定要摄入足够的热量，以支撑各种身体活动，其中要包含更多的蛋白质和大量的水。最后，每晚要尽量保证至少8小时的睡眠时间，这样才能让你精神饱满地参加训练。

练习选择	加入合适的练习逐步锻炼主要肌群。
训练负荷	使用70%~80%的最大可承受力为训练负荷。
重复次数	重复完成8~12次受控动作。
进阶	在连续两组活动中完成12次重复动作后增加5%的阻力。
组数	每一项练习完成1组或2组。
动作速度	中等速度完成每个动作，上举用时2~3秒，下放用时2~3秒。
动作幅度	以相对较完整的动作幅度执行每一次练习。
训练频率	每周完成1~2次训练。

第 **12** 章

保证营养，持续提高身体素质

　　人们的日常饮食习惯对体重和身体状况有着重要影响。可是，大多数美国人都会在各种活动中摄入大量热量。因此，美国 3/4 的老年人有肥胖问题，这大大提高了他们患糖尿病、心脏疾病、关节病和各种癌症的风险。同时，摄入太少的蛋白质、钙或维生素 D 则可能导致肌肉骨骼系统变弱，同时导致骨质疏松症；日常饮食中缺乏足够的铁也可能导致身体出现贫血症；而过度摄入钠则会引发高血压。

　　食用高纤维、低转化脂肪以及富有维生素和矿物质的食物对于保持健康和预防疾病有着重要作用。例如，许多水果和蔬菜中富含的维生素 A 和维生素 C，被认为是重要的抗氧化剂（营养的保镖），它们可以防止身体细胞出现有害的化学反应。香蕉、哈密瓜和鸭梨等包含的钾会参与每次肌肉收缩动作，因此对于参与力量训练的人而言是非常重要的。

　　虽然人们可以通过营养补充剂来摄入维生素和矿物质，但不要以为补充剂可以替代均衡饮食，包括各种蔬菜、水果、全谷物和瘦肉及低脂日常食品。人类的营养需求非常复杂（而且人们对它的理解很不到位），因此无法完全通过药物来调整，而且只有多样且合理的饮食才能提供最优的营养基础。我们推荐遵循美国农业部的 MyPlate 计划来指导日常食物的选择（参见图 12.1）。

　　记住，均衡饮食方式不同于减肥时使用的低热量饮食方式。低热量饮食应该在医生或注册营养师的指导下采用，特别是在练习本书介绍的力量训练计划时。

图 12.1 美国农业部的 MyPlate 计划

50岁以上的人的蛋白质摄入

第9章~第11章介绍的力量训练计划会产生不同程度的肌肉微创，它们会刺激组织重建过程，从而形成更大更强壮的肌肉。当然，肌肉合成的生理机制要求富含蛋白质的食物提供的氨基酸来帮助建立肌肉块。

我们提出了一个针对50岁以上的人的合理营养计划，它在很多方面与针对年轻人的营养计划很相似。然而，在过去几年，越来越多的证据表明老年人应该随着年龄的增加而摄入更多的蛋白质。韦恩·坎贝尔博士是美国最著名的营养研究人员之一，他指出，如果每天按照建议的摄入量（RDA）摄入蛋白质（约每磅体重0.4克或每千克体重0.8克），那么50岁以上的人仍然会流失肌肉，即使定期参加力量训练也一样。坎贝尔博士的研究表明，参加抗阻训练的50岁以上的人需要摄入的蛋白质量至少要比RDA高25%（约每磅体重0.5克或每千克体重1.0克）才能保持肌肉量，然后至少要摄入比RDA高50%的蛋白质（约每磅体重0.6克或每千克体重1.2克）才能增加肌肉量。

这主要是因为老年人无法像年轻时那样吸收蛋白质（氨基酸）。得克萨斯大学的研究表明，老年参与者（平均年龄68岁）从蛋白质食物吸收氨基酸的能力仅仅为年轻参与者（平均年龄31岁）的61%。因为氨基酸是肌群组织的基本构成元素，这些研究结果对于所有希望获得或保持肌肉健硕度的人有很好的启发。

2013年，我们在医学研究杂志《医生和运动医学》（*The Physician and Sportsmedicine*）上发布了一项关于蛋白质摄入的研究。参加力量训练的人群中，蛋白质摄入量增加每磅体重0.7克（每千克体重1.5克）时肌肉重量要远远多于保持正常蛋白质摄入量的力量训练参与者。基于这样的研究结果，我们建议50岁以上的男性和女性要摄入每磅体重0.6~0.7克的蛋白质，才能最大限度提高力量训练计划的效果。

根据大量研究的结果，摄入额外蛋白质的最佳时间是完成力量训练活动之后的短时间内。在另一个关于蛋白质和抗阻训练研究中，在完成负重训练之后摄入蛋白质的参与者会比未摄入蛋白质的参与者增加很多的肌肉量和骨密度。我们的研究及其他类似的研究表明，参与者应该在完成训练之后尽快摄入25克左右的蛋白质。

考虑到老年人需要摄入更多的蛋白质，我们建议50~80岁的力量训练者每天要摄入比RDA所推荐的最低摄入水平高50%~70%的蛋白质。

表12.1列出了50岁以上男性和女性的每日推荐补充剂量，以及他们在50岁、60岁和70岁期间执行常规力量训练的每日蛋白质建议摄入量。表12.2列出了各种富含蛋白质食物的蛋白质含量。

除了摄入足够帮助组织重建和肌肉发展的蛋白质，高级力量训练者还应该注意他们蛋白质摄取的来源。不要在一餐中吃完所有富含蛋白质的食物，而是要将蛋白质摄入分散到一天的饮食中，以改善蛋白质的消化过程。例如，一杯牛奶、一杯酸奶、一瓶蛋白质饮品、一个熟鸡蛋，或者一块有鱼肉、鸡肉或花生油的三明治，就可以带来丰富的蛋白质。此外，一定要在完成力量训练后立即补充蛋白质。

表12.1　调整后的每日最低蛋白质建议摄入量

年龄范围	蛋白质 每日建议摄入量	力量训练者 增加比例	力量训练者 每日建议摄入量
50~59岁	男性：56克	男性：50%	男性：85克
	女性：46克	女性：50%	女性：70克
60~69岁	男性：56克	男性：60%	男性：90克
	女性：46克	女性：60%	女性：75克
70~79岁	男性：56克	男性：70%	男性：95克
	女性：46克	女性：70%	女性：80克

表12.2　富含蛋白质的食物中的蛋白质克数

食物	量	单位食物量 蛋白质克数
金枪鱼	6盎司（175克）	45
鸡肉（白肉）	6盎司（175克）	45
蛋白粉	6汤匙8盎司（250毫升）	36
酸奶	20盎司（600毫升）	20
希腊奶酪（原味）	8盎司（250毫升）	20
牛奶（低脂）	16盎司（500毫升）	16
花生油	4汤匙	14
鸡蛋	2个	12

可以肯定的是，蛋白质是获得最佳肌肉骨骼结构的重要营养成分。然而，营养计划一定要非常均衡，其中要包含满足生理功能和表现力量整体要求的基本营养。要阅读和运用以下小节所介绍的营养学信息，才能最大限度提高力量训练计划的有效性。在食物方面，一定要从基本食物入手。

基础营养食物

如图12.1所示，MyPlate计划的碳水化合物较高，蛋白质中等，而脂肪很低。碳水化合物的选择可以分为谷类、蔬菜和水果。建议的蛋白质来源有乳制品和瘦肉，而推荐的高脂食物是少量的蔬菜油。大约一半的食物摄入都应该来自水果和蔬菜，其他则应该来自瘦肉、乳制品和谷类。下面我们来逐一详细了解这些食品类别。

谷类

谷类包括各种小麦、燕麦、玉米及类似作物。谷类食品的例子有麦片、面包、意大利面、煎饼、米糕、硬面包圈、小松饼、大米布丁和巧克力蛋糕。由于土豆包含较多碳水化合物，因此也属于谷类。显然，有一些谷类食品也含有较多的糖分和反式脂肪，如蛋糕、饼干和面粉糕饼，因此这些食物也要少吃。

所有谷类都是高碳水化合物，而且有一些谷类也是很好的蛋白质来源，如麦芽。所有谷类一般都富含B族维生素和纤维。谷类比较常见且价格便宜，因此应该成为每一餐的食品。MyPlate建议1/4的日常食物来源都应该是谷类，而且至少要有一半的谷类食品是全量的。一份谷类相当于一片面包或半碗熟面条，也就相当于一天摄入6盎司（180克）的谷类，而其中3盎司（90克）应该来自于全谷类制品。可以考虑用糙米、全麦面食和全谷类食品来增加日常饮食的谷类含量。请参考下面表中谷类中流行食品的换算。

蔬菜

与谷类类似，蔬菜也富含碳水化合物、维生素和纤维。蔬菜有不同的大小、形状、颜色和营养特性，而且它们的热量相对较低。橙色蔬菜一般富含维生素A和β-胡萝卜素。胡萝卜和南瓜都属于这个类别。

绿色蔬菜的特点就是富含维生素B_2和叶酸。其中，绿色蔬菜包括豌豆、大豆、西蓝花、芦笋、菠菜和生菜。红色蔬菜通常富含维生素C。这个类别里最常见的蔬菜是番茄和红辣椒。其他蔬菜实际上是白色的，至少在表皮以下是白色的，这其中包括菜花、西葫芦和小萝卜。

MyPlate计划建议1/4左右的日常摄入食物应该是蔬菜。MyPlate建议选择颜色丰富的蔬菜，特别是红色、橙色和深绿色的。

最好要吃一些新鲜蔬菜，用蒸或微波炉的方法，以保存蔬菜的营养成分。此外，新鲜或冷冻蔬菜有更多的营养价值，腌制食物的营养价值要低于罐装食物。

一份谷类的等价换算

粥

1/4杯谷类（坚果）

1/3杯浓缩麦片

1/2杯热粥（燕麦片或麦乳）

3/4杯片状麦片

$1^1/_2$杯膨化麦片

面包

1/2片面包或英式松饼

1片切片面包

1片皮塔面包

1个玉米粉圆饼

米饭

1/4杯麦芽

1/3杯糙米或白米

1/2杯面条或通心粉

1/2杯大麦、玉米粥或燕麦粉

零食

3/4盎司（22.5克）椒盐脆饼干

3/4盎司（22.5克）年糕

4片薄脆饼干（1盎司或30克）

3杯爆米花

注：1杯（英制）=0.946杯（公制）=1.041杯（加拿大制）。

水果

水果是蔬菜的同类食物，热量相对低一些，但是有一样多的营养价值。实际上，所有水果都富含碳水化合物和维生素，并且许多水果还富含纤维。

柑橘类水果富含维生素C，如橙子、柚子和柠檬。与橙色蔬菜类似，橙色水果也富含维生素A和β–胡萝卜素，其中包括哈密瓜、杏子和木瓜。绿色水果（如蜜瓜和猕猴桃）和红色水果（如草莓和樱桃）都富含维生素C。

黄色水果包括桃子、芒果和菠萝，它们都富含维生素C。白色水果（至少肉是白色的）包括苹果、梨子和香蕉，所有这些都富含钾。鳄梨也富含钾，并且含有很多的纤维和有益脂肪。

干果营养密度特别高。葡萄干、大枣、无花果和梅干都是非常好的能量来源，而梅干是最好的食用纤维。

MyPlate计划建议，水果摄入与蔬菜类似，占每日食物摄入量的1/4左右。下表列出了各种水果的等价换算。你可以注意到，一个单位的份量会有很大的差别，主要取决于水果的类型。例如，1/4个甜瓜或1/2个柚子相当于3个大枣或2大汤匙的葡萄干。它们的区别在于水分含量不同。新鲜水果包含有大量的水分，而干果则实际上是高密度的碳水化合物。如果你更愿意选择液态的水果，那么半杯（125毫升）的水果汁就相当于一份原态水果，但是纤维含量会少一些。MyPlate建议早、中和晚餐都吃水果，并且把干果作为零食吃。

一份水果的等价换算	
2汤匙（18克）葡萄干	3/4杯菠萝汁
3个大枣	2个猕猴桃
3勺干梅子	1/2个石榴
1/2杯葡萄汁	1/4哈密瓜
3/4杯浆果汁	1/4个木瓜
1个苹果	1/4个甜瓜
1个香蕉	1/2个芒果
1个桃子	5个金橘
1个梨子	1杯甘蔗汁
3个杏子	$1\frac{1}{4}$杯草莓汁
1/2个柚子	$1\frac{1}{4}$杯西瓜汁

乳制品

MyPlate计划建议除了其他的蛋白质食物，每日还要食用乳制品。低脂乳制品是首选，包含牛奶、乳酸和奶酪。这些食品富含蛋白质和钙。因为全乳食品含有非常高的脂肪及热量，因此你应该仔细选择乳制品。例如，1%牛奶、低脂乳酸和脱脂松软干酪就能够作为替代高脂乳制品的有利于心脏的食品。

参考表格"一份乳制品的等价换算"中关于一份乳制品的等价换算。注意，1/4杯低脂松软奶酪和1杯（250毫升）1%牛奶有相近的营养价值。虽然有很多食物可以提供乳制品蛋白质，但是你可能仍然很难获取足够的钙，除非定期食用乳制品。如果你消化牛奶有一定的问题，那么要尝试定期食用其他高钙食品，如豆腐、绿叶蔬菜、豆浆或减少每次食用的牛奶量。

一份乳制品的等价换算

1盎司（30克）奶酪	1/2杯浓缩牛奶
1/4杯松软奶酪	1杯牛奶
1/4杯意大利乳清干酪	1杯乳酸
1/4杯意大利干酪	1杯脱脂乳

蛋白质食品

按照MyPlate计划，这个类别包括肉类、家禽、海产品、蛋类、大豆、豌豆、大豆制品、坚果和菜籽。所有这些食物都富含蛋白质，但是其中有一些也含有大量的脂肪。表12.3列出了蛋白质类别中按脂肪含量排列的食品。注意，不同方法制作的肉类会有不同的脂肪含量，我们会在后面更详细地介绍。

虽然脂肪含量有很大的差别，但是这个类别食物的蛋白质换算是一致的。如表格"一份蛋白质的等价换算"所示，3盎司（90克）的肉类、家禽和鱼类有相同的换算价值，半杯干豆和半杯金枪鱼也是一样的。MyPlate建议，日常食物中要有1/4左右来自蛋白质。

表12.3　按脂肪含量分类的肉类和豆类食品

低脂	中脂	高脂
大多数鱼类	带皮鸡肉	牛肋骨
蛋白	带皮火鸡	猪肋骨
去皮鸡肉	烤牛肉	咸牛肉
去皮火鸡	烤猪肉	香肠
鹿肉	烧羔羊肉	午餐肉
兔肉	小牛肉排	碎猪肉
内大腿肉	碎牛肉	热狗
瘦牛肉	牛排	油炸鸡肉
牛里脊肉	罐装鲑鱼	油炸鱼肉
牛后腹肉排	金枪鱼油	腰果*
小牛肉	整个鸡蛋	花生*
干豆	猪排	花生油*

*注意：这些食物虽然脂肪含量很高，但是也非常健康，可以帮助提升HDL（好胆固醇）和降低LDL（坏胆固醇）。

一份蛋白质的等价换算

3盎司（90克）鱼肉　　　　　　　4汤匙花生油

3盎司（90克）家禽　　　　　　　1/2杯煮熟的干豆类

3盎司（90克）肉（如牛肉、家禽、　1/2杯金枪鱼

羔羊）　　　　　　　　　　　　　1/2杯豆腐

1个或2个蛋白　　　　　　　　　　6汤匙（53克）坚果

钠、固体脂肪、添加糖和油

MyPlate建议，减少食用含有大量钠、固态脂肪和添加糖的食物。此外，它还建议减少油的食用，因为油和肥肉每克含9千卡热量。参考下表来确定脂肪类食物的等价换算。反式脂肪（常见于焙烤食品等）会给身体带来严重的健康问题；因此，要尽可能避免食用这一类脂肪。

一份脂肪的等价换算

1茶匙黄油　　　　　　　　　　　1汤匙饮食沙拉酱

1茶匙人造黄油　　　　　　　　　1茶匙油

1汤匙人造奶油　　　　　　　　　1汤匙色拉味调料

1茶匙蛋黄酱

注：1美国茶匙=5毫升；1美国汤匙=15毫升。

2汤匙饮食沙拉酱　　　　　　　　2汤匙酸奶油

1汤匙奶油干酪　　　　　　　　　4汤匙淡奶油

2汤匙轻奶酪　　　　　　　　　　2汤匙咖啡鲜奶露（液态）

水

水并没有出现在MyPlate计划中，因为它不包含任何热量，并且技术上看并不是食物。但是，它是身体中最重要的营养成分。人体身体大部分都是水（即便是肌肉也有近75%的水），而且人体缺水只能活短短几天时间。

标准的建议是每天饮用6~8杯8盎司（250毫升）玻璃杯的水，而且在练习时需要饮用更多的水。自然口渴机制会随年龄的增加而下降，因此成人应该注意水的摄入，保证每天喝6~8杯水。建议在第一次力量训练活动前后及运动期间都喝一杯水。记住，肌肉组织

中超过3/4都是水。

苹果汁是一种富含钾的饮料，当然橙汁则富含维生素C。蔓越莓的维生素C含量接近于橙汁，而且有助于预防膀胱感染。胡萝卜汁富含维生素A、维生素C、钾和纤维。石榴汁则含有最多的抗氧化剂。低脂牛奶大部分都是水，富含蛋白质、钙和维生素D。此外，运动饮料也可以替代水，但是与果汁和低脂牛奶类似，它们的热量较高。

提高营养的三步法

一个能提供所有重要营养的饮食计划包括食品选择、替代食物和食品制作方法三方面。下面的建议可以帮助你实现最佳的饮食目标。

食物选择

如果按照MyPlate计划的指导方法选择谷类、蔬菜、水果、乳制品和蛋白质，那么你的菜谱一般都会具有较高营养价值。下面的食物所含的饱和脂肪要低于其他的同类食品。

- 鱼肉。
- 去皮家禽。
- 低脂牛奶、酸奶、奶酪。
- 橄榄油、花生油、玉米油和菜籽油。

替代食物

毫无疑问，每一个人都有偏好的食物，且不想放弃它们。你可能会惊奇地发现，一些简单的替换就可以减少脂肪摄入量，而不影响口味（表12.4、表12.5和表12.6）。例如，使用脱脂牛奶替代奶油可以减少超过65%的热量。另一种实用的替换方法是在烤土豆时使用脱脂酸奶或脱脂酸奶油替代标准酸奶油。这样做可以减少热量，同时给身体提供了2倍的有益钙质。

另一种替代方法是用草本植物替代食盐，用低脂冷冻酸奶替代冰激凌，在烘焙食物中用可可粉替代巧克力块，以及用含柠檬汁或加了橄榄油的醋替代罐装沙拉调料。

如果喜好甜食，那么要多吃水果，用它替代糖果、饼干和烘焙食物。如果更偏好松脆零食，如薯片，那么可以选择更低热量的替代食品，如椒盐脆饼干（但是要注意钠含量）、烤薯片或胡萝卜棒。坚果含有益于心脏的脂肪、维生素和蛋白质，因此，它们很适合用来替代薯片和糖果。

表12.4 菜单1

食物	份数/千卡
早餐	
华夫饼	2块/174
食用油	1汤匙/102
花生油	2汤匙/188
香蕉	1小根/93
脱脂牛奶	8盎司（250毫升）/86
零食	
小麦饼干	16块/160
午餐	
金枪鱼	3盎司（90克）/110
蛋黄酱	1汤匙/100
小麦面包	2片/130
生菜和番茄	0.5杯/10
脱脂牛奶	8盎司（250毫升）/86
苹果	1个/80
零食	
梨子	1/100
晚餐	
脱脂牛奶	8盎司（250毫升）/86
意大利面	1杯/197
番茄酱	0.5杯/71
南瓜	0.5杯/14
火鸡肉	2盎司（60克）/84
蒜蓉面包	1片/82
食用油	1汤匙/102
零食	
芹菜杆	0.5杯/10

表12.5 菜单2

食物	份数/千卡
早餐	
橙汁	6盎司（175毫升）/86
蜂蜜燕麦粥	2盎司（60克）/223
脱脂牛奶	8盎司（250毫升）/86
午餐	
火鸡	3盎司（90克）/161
瑞士奶酪	1盎司（30克）/95
番茄	0.25杯/9
面包卷	1个/152
蛋黄酱	1汤匙/100
葡萄	0.5杯/30
蔬菜汁	12盎司（355毫升）/68
胡萝卜棒	0.5杯/28
沙拉酱	1汤匙/60
零食	
无脂香草酸奶	1杯/206
低脂格兰诺拉麦片	2盎司（57克）/220
晚餐	
鸡胸肉	3盎司（90克）/168
沙司	0.25杯/18
切达干酪	1盎司（30克）/114
西班牙式什锦饭	1.5杯/324
零食	
苹果	1个/80

表12.6 菜单3

食物	份数/千卡
早餐	
葡萄干	2盎司（60克）/204
麦片	2盎司（60克）/207
脱脂牛奶	8盎司（250毫升）/86
橙子	1个/70
午餐	
小麦面包	2片/130
金枪鱼	2盎司（60克）/73
蛋黄酱	1汤匙/100
芹菜（剁碎）	0.25杯/5
生菜	0.5杯/3
苹果汁	6盎司（175毫升）/87
零食	
饼干	12片/120
花生酱	2汤匙/188
晚餐	
鲑鱼（烤）	3盎司（90克）/118
轻拌沙拉	1杯/22
橄榄油	1汤匙（15毫升）/119
西蓝花	1杯/52
小面包	1个/107
香草冰激凌	0.5杯/133
零食	
无脂香草酸奶	1杯/206
苹果	1个/80

食品制作

不同的食物制作方法可能会增加或降低其健康性。例如，油炸可能让一些食物的热量多1~2倍。用脱脂蔬菜油或不粘锅，就不需要像平常一样高温加热食用油。推荐用烘焙或烧烤的方式制作肉食，而蔬菜则建议用蒸或微波炉，这样可以保持其营养价值。要避免在炒菜的过程中加油和盐。如果偏好较重口味，则建议在菜上碟之后根据个人口味洒一些在菜上。这是因为在煮熟之后加盐和动物油比在煮的过程中放盐和动物油的用量小，但却可以达到一样美味的效果。

小　结

健康饮食不同于日常节食。节食是指大幅减少热量摄入，以达到减重的目标，通常只适用于短期。大多数减肥节食都会出现不正常的饮食模式，其营养不足以支持最佳身体机能。因为这些节食方法会削减一些重要的营养成分，因此大多数人无法坚持很长时间，而且几乎所有节食者在停止节食后1年内都会重新增加之前减掉的体重。

美国农业部MyPlate计划所推荐的饮食模式有益心脏健康，具有较高营养价值，并且很容易成为人们的日常饮食模式，从而可以改进身体状况。你应该寻找一种类似的饮食计划，在你进行力量训练时能够提供足够的能量和真正有用的营养。然而，50岁以上的人相对需要较多的蛋白质，才能最大限度发挥肌肉发展效果。一旦建立了合理的营养计划，就要考虑增加蛋白质的摄入，以改进肌肉的发展。此外，要在力量训练后尽快补充25克左右的蛋白质，以提高组织重建和肌肉重塑。除了吃大量富含蛋白质的食物（因为肌肉含有25%左右的蛋白质），每天还要饮用6~8杯8盎司（250毫升）玻璃杯的水，而且在运动时要喝更多的水（因为肌肉含有75%左右的水）。

参考文献

Almstedt HC, Canepa JA, Ramirez DA, Shoepe TC. 2011. Changes in bone mineral density in response to 24 weeks of resistance training in college-age men and women. *Strength and Conditioning Research* 25(4):1098–1103.

American College of Sports Medicine. 2009. Position stand:Exercise and physical activity for older adults. *Medicine and Science in Sports and Exercise* 41:1510–1530.

Annesi J, Westcott W. 2004. Relationship of feeling states after exercise and total mood disturbance over 10 weeks in formerly sedentary women. *Perceptual and Motor Skills* 99:107–115.

Annesi J, Westcott W. 2007. Relations of physical self-concept and muscular strength with resistance exercise-induced feeling states in older women. *Perceptual and Motor Skills* 104:183–190.

Baechle TR, Earle RW. 2014. *Fitness weight training, 3rd ed*. Champaign, IL:Human Kinetics.

Baechle TR, Groves, B. 1992. *Weight training:steps to success*. Champaign, IL:Human Kinetics.

Bircan C, Karasel SA, Akgun B, et al. 2008. Effects of muscle strengthening versus aerobic exercise program in fibromyalgia. *Rheumatology International* 28:527–532.

Boyle JP. Projection of the year 2050 burden of diabetes in the US adult population:Dynamic modeling of incidence, mortality, and prediabetes prevalence. *Population Health Metrics* 2010:8(1):29.

Braith R, Graves J, Pollock M, et al. 1989. Comparison of two versus three days per week of variable resistance training during 10 and 18 week programs. *International Journal of Sports Medicine* 10:450–454.

Broeder C, Burrhus K, Svanevik L, Wilmore J. 1992. The effects of either high-intensity resistance or endurance training on resting metabolic rate. *American Journal of Clinical Nutrition* 55:802–810.

Busse AL, Filo WJ, Magaldi RM, et al. 2008. Effects of resistance training exercise on cognitive performance in elderly individuals with memory impairment:Results of a controlled trial. *Einstein* 6:402–407.

Campbell WW, Crim MC, Young VR, Evans WJ. 1994. Increased energy requirements and changes in body composition with resistance training in older adults. *American Journal of Clinical Nutrition* 60(2):167–175.

Campbell W, Trappe T, Wolfe R, and Evans W. 2001. The recommended dietary allowance for protein may not be adequate for older people to maintain skeletal muscle. *Journals of Gerontology Series A:Biological Sciences and Medical Sciences* 56:M373–M380.

Cassilhas RC, Viana VAR, Grasmann V, et al. 2007. The impact of resistance exercise on the cognitive function of the elderly. *Medicine and Science in Sports and Exercise* 39:1401–1407.

Castaneda C, Layne JE, Munez-Orians L, et al. 2002. A randomized controlled trial of resistance exercise training to improve glycemic control in older adults with type 2 diabetes. *Diabetes Care* 25(12):2335–2341.

Castro MJ, McCann DJ, Shaffrath JD, Adams WC. 1995. Peak torque per unit cross-sectional area differs between strength-trained and untrained young adults. *Medicine and Science In Sports and Exercise* 27(3):397–403.

DeMichele P, Pollock M, Graves J, et al. 1997. Isometric torso rotation strength:Effect of training frequency on its development. *Archives of Physical Medicine and Rehabilitation* 78:64–69.

Draovitch P, Westcott W. 1999. *Complete conditioning for golf*. Champaign, IL:Human Kinetics.

Dunstan DW, Daly RM, Owen N, et al. 2002. High-intensity resistance training improves glycemic control in older patients with type 2 diabetes. *Diabetes Care* 25(10):1729–1736.

Faigenbaum A, Skrinar G, Cesare W, et al. 1990. Physiologic and symptomatic responses of cardiac patients to resistance exercise. *Archives of Physical Medicine and Rehabilitation* 70:395–398.

Fiatarone MA, Marks E, Ryan N, et al. 1990. High-intensity strength training in nonagenarians. *Journal of the American Medical Association* 263(22):3029–3034.

Flack KD, Davy KP, Huber MAW, et al. 2011. Aging, resistance training, and diabetes prevention. *Journal of Aging Research* doi:10.4061/2011/127315.

Flegal KM, Carroll MD, Ogden CL, et al. 2010. Prevalence and trends in obesity among US adults, 1999–2008. *Journal of the American Medical Association* 303(3):235–241.

Focht BC. 2006. Effectiveness of exercise interventions in reducing pain symptoms among older adults with knee osteoarthritis:A review. *Journal of Aging and Physical Activity* 14:212–235.

Frontera WR, Hughes VA, Fiatarone MA, et al. 2000. Aging of skeletal muscle:A 12–yr longitudinal study. *Journal of Applied Physiology* 88:1321–1326.

Gutin B, Kasper MJ. 1992. Can exercise play a role in osteoporosis prevention? A review. *Osteoporosis International* 2:55–69.

Hackney KJ, Engels HJ, Gretebeck RJ. 2008. Resting energy expenditure and delayed-onset muscle soreness after full-body resistance training with an eccentric concentration. *Strength and Conditioning Research* 22(5):1602–1609.

Hayden JA, van Tulder MW, Tomlinson G. 2005. Systematic review:Strategies for using exercise therapy to improve outcomes in chronic low back pain. *Annals of Internal Medicine* 142:776–785.

Heden T, Lox C, Rose P, et al. 2011. One-set resistance training elevates energy expenditure for 72 hours similar to three sets. *European Journal of Applied Physiology* 111:477–484.

Hedley AA, Ogden CL, Johnson CL, et al. 2004. Obesity among U.S. children, adolescents, and adults, 1999–2002. *Journal of the American Medical Association* 291:2847–2850.

Holten MK, Zacho M, Gaster C, et al. 2004. Strength training increases insulin-mediated glucose uptake, GLUT4 content, and insulin signaling in skeletal muscle in patients with type 2 diabetes. *Diabetes* 53(2):294–305.

Johnston RE, Quinn TJ, Kertzer R, et al. 1995. Improving running economy through strength training. *Strength and Conditioning* 17(4):7–13.

Jones A, Pollock M, Graves J, et al. 1988. *Safe specific testing and rehabilitative exercise for the muscles of the lumbar spine*. Santa Barbara, CA:Sequoia Communications.

Katsanos CS, Kobayashi H, Sheffield- Moore M, et al. 2005. Aging is associated with diminished accretion of muscle proteins after the ingestion of a small bolus of essential amino acids. *American Journal of Clinical Nutrition* 82:165–173.

Keys A, Taylor HL, Grande F. 1973. Basal metabolism and age of adult man. *Metabolism* 22:579–587.

Kreuger J. 2004. Trends in strength training. *National Center for Chronic Disease and Health Promotion*.

Lange A, Vanwanseele B, Fiatarone Singh M. 2008. Strength training for treatment of osteoarthritis of the knee:A systematic review. *Arthritis and Rheumatology* 59:1488–1494.

Liddle SD, Baxter GD, Gracey JI. 2004. Exercise and chronic low back pain:What works? *Pain* 107:176–190.

Lloyd-Jones D, Adams R, Carnethon M, et al. 2009. Heart disease and stroke statistics:2009 update. A report from the American Heart Association Statistics Committee and Stroke Statistics Subcommittee. *Circulation* 119:480–486.

Mann T, Tomiyama A, Westling E, et al. 2007. Medicare's search for effective obesity treatment; diets are not the answer. *American Psychologist* 62(3):220–233.

Marzolini S, Oh P, Thomas S, Goodman J. 2008. Aerobic and resistance training in coronary disease:Single versus multiple sets. *Medicine and Science in Sports and Exercise* 40:1557–1564.

Melov S, Tarnopolsky M, Beckman K, et al. 2007. Resistance exercise reverses aging in human skeletal muscle. *PLoS ONE* 2:e465.

Nelson ME, Fiatarone M, Morganti C., et al. 1994. Effects of high-intensity strength training on multiple risk factors for osteoporotic fractures. *Journal of the American Medical Association* 272:1909–1914.

Ong KL, Cheung BMY, Man YB, et al. 2007. Hypertension treatment and control:Prevalence, awareness, treatment, and control of hypertension among United States adults 1999–2004. *Hypertension* 49:69–75.

Phillips SM, Winett RA. 2010. Uncomplicated resistance training and health-related outcomes:Evidence for a public health mandate. *Current Sports Medicine Reports* 9(4):208–213.

Pratley R, Nicklas B, Rubin M, et al. 1994. Strength training increases resting metabolic rate and norepinephrine levels in healthy 50-to 65-year-old men. *Journal of Applied Physiology* 76(1):133–137.

Risch S, Norvell N, Polock M, et al. 1993. Lumbar strengthening in chronic low back pain patients. *Spine* 18:232–238.

Schardt D. 2007. Saving muscle:How to stay strong and healthy as you age. *Nutrition Action Health Letter* 34(3):3–8.

Singh NA, Clements KM, Fiatarone MA. 1997. A randomized controlled trial of progressive resistance exercise in depressed elders. *Journal of Gerontology Series A:Biological Sciences and Medical Sciences* 52:M27–M35.

Standards of medical care in diabetes. 2006. *Diabetes Care* 29(1):S4–S42.

Starkey D, Pollock M, Ishida Y, et al. 1996. Effects of resistance training volume on strength and muscle thickness. *Medicine and Science in Sports and Exercise* 28(10):1311–1320.

Stewart K, Mason M, Kelemen M. 1988. Three-year participation in circuit weight training improves muscular strength and self-efficacy in cardiac patients. *Journal of Cardiopulmonary Rehabilitation* 8:292–296.

Treuth MS, Ryan AS, Pratley RE, et al. 1994. Effects of strength training on total and regional body composition in older men. *Journal of Applied Physiology* 77(2):614–620.

Treuth MS, Hunter GR, Kekes-Szabo T, et al. 1995. Reduction in intra-abdominal adipose tissue after strength training in older women. *Journal of Applied Physiology* 78(4):1425–1431.

U.S. Department of Health and Human Services. 2004. *Bone Health and Osteoporosis:A Report of the Surgeon General*. Rockville, MD. U.S. Department of Health and Human Services, Public Health Service, Office of the Surgeon General.

Westcott WL. 1987. *Building strength at the YMCA*. Champaign, IL:Human Kinetics.

Westcott WL. 1994a. Weight loads:go figure. *Nautilus* 3(3)5–8.

Westcott WL. 1994b. Exercise speed and strength development. *American Fitness Quarterly* 3(3):20–21.

Westcott WL. 1995. Strength training for better running. *American Fitness Quarterly* 14(2):19–22.

Westcott WL. 2002. A new look at repetition ranges. *Fitness Management FMY* 18(8):36–37.

Westcott WL. 2009. Strength training for frail older adults. *Journal on Active Aging* 8(4):52–59.

Westcott WL. 2012. Resistance training is medicine:effects of strength training on health. *Current Sports Medicine Reports* 11(4):209–216.

Westcott WL, Apovian CM, Puhala K, et al. 2013. Nutrition programs enhance exercise effects on body composition and resting blood pressure. *Physician and Sportsmedicine* 41(3)85–91.

Westcott WL, Dolan F, Cavicchi T. 1996. Golf and strength training are compatible activities. *Strength and Conditioning* 18(4):54–56.

Westcott WL, Greenberger K, Milius D. 1989. Strength-training research:sets & repetitions. *Scholastic Coach* 58:98–100.

Westcott WL, Guy J. 1996. A physical evolution:Sedentary adults see marked improvements in as little as two days a week. *IDEA Today* 14(9):58–65.

Westcott WL, LaRosa Loud R. 1999. Strength, stretch, stamina. *Fitness Management* 15(6):44–45.

Westcott WL, LaRosa Loud R. 2013. Enhancing resistance training results with protein/carbohydrate supplementation. *ACSM's Health & Fitness Journal* 17(2):10–15.

Westcott WL, Parziale JR. 1997. Golf power. *Fitness Management* 13(13):39–41.

Westcott W, Varghese J, DiNubile N, et al. 2011. Exercise and nutrition more effective than exercise alone for increasing lean weight and reducing resting blood pressure. *Journal of Exercise Physiology* 14(4):120–133.

Westcott WL, Winett RA, Annesi JJ, et al. 2009. Prescribing physical activity:Applying the ACSM protocols for exercise type, intensity, and duration across 3 training frequencies. *Physician and Sportsmedicine* 2:51–58.

Wolfe RR. 2006. The unappreciated role of muscle in health and disease. *American Journal of Clinical Nutrition* 84:475–482.